LEARN DUTCH IN 52 WEEKS

LEARN DUTCH IN 52 WEEKS
WITH 7 SENTENCES A DAY

In the same collection

Learn English in 52 weeks
Learn French in 52 weeks
Learn Bulgarian in 52 weeks
Learn Chinese in 52 weeks
Learn Czech in 52 weeks
Learn Danish in 52 weeks
Learn Estonian in 52 weeks
Learn Finnish in 52 weeks
Learn German in 52 weeks
Learn Greek in 52 weeks
Learn Hungarian in 52 weeks
Learn Italian in 52 weeks
Learn Japanese in 52 weeks
Learn Latvian in 52 weeks
Learn Lithuanian in 52 weeks
Learn Polish in 52 weeks
Learn Portuguese in 52 weeks
Learn Brazilian in 52 weeks
Learn Romanian in 52 weeks
Learn Russian in 52 weeks
Learn Slovak in 52 weeks
Learn Spanish in 52 weeks
Learn Swedish in 52 weeks

Contents

Week 1

1 - 1

Kiss me, my darling.
Kus me, mijn liefste.

1 - 2

I can't believe that.
Ik kan het niet geloven.

1 - 3

I banged on the door.
Ik bonkte op de deur.

1 - 4

I am an Engineer.
Ik ben een ingenieur.

1 - 5

It's not a big deal.
Het stelt niet veel voor.

1 - 6

We met yesterday.
We hebben elkaar gisteren ontmoet.

1 - 7

Do you avoid me?
Ontwijk je me?

Day 1

Week 1

1/52

1 - 1

Kiss me, my darling.
Kus me, mijn liefste.

1 - 2

I can't believe that.
Ik kan het niet geloven.

1 - 3

I banged on the door.
Ik bonkte op de deur.

1 - 4

I am an Engineer.
Ik ben een ingenieur.

1 - 5

It's not a big deal.
Het stelt niet veel voor.

1 - 6

We met yesterday.
We hebben elkaar gisteren ontmoet.

1 - 7

Do you avoid me?
Ontwijk je me?

Day 1

Week 1

1 - 1

Kiss me, my darling.
Kus me, mijn liefste.

1 - 2

I can't believe that.
Ik kan het niet geloven.

1 - 3

I banged on the door.
Ik bonkte op de deur.

1 - 4

I am an Engineer.
Ik ben een ingenieur.

1 - 5

It's not a big deal.
Het stelt niet veel voor.

1 - 6

We met yesterday.
We hebben elkaar gisteren ontmoet.

1 - 7

Do you avoid me?
Ontwijk je me?

Day 1

Week 1

2 - 1

Your hair is still wet.
Je haar is nog nat.

2 - 2

That's alright.
Dat is niet erg.

2 - 3

I'll go right away.
Ik ga meteen.

2 - 4

I couldn't care less.
Het kan me niet schelen.

2 - 5

He is my father.
Hij is mijn vader.

2 - 6

He burned his hand.
Hij verbrandde zijn hand.

2 - 7

Call the police.
Bel de politie.

Day 2

Week 1

3 - 1

Are you alright?

Gaat het goed met u?

3 - 2

How old is the victim?

Hoe oud is het slachtoffer?

3 - 3

My friend defended me.

Mijn vriend verdedigde me.

3 - 4

Is she going to Delhi?

Gaat ze naar Delhi?

3 - 5

May I take a message?

Mag ik een boodschap aannemen?

3 - 6

Watch your mouth.

Let op je woorden.

3 - 7

I got a promotion today.

Ik heb vandaag een promotie gekregen.

Day 3

Week 1

4 - 1

Can you drive a truck?
Kunt u een vrachtwagen besturen?

4 - 2

He's a serious student.
Hij is een serieuze student.

4 - 3

It's been a while.
Het is al een tijdje geleden.

4 - 4

I'll be online.
Ik zal online zijn.

4 - 5

My shoes got dirty.
Mijn schoenen zijn vuil.

4 - 6

His voice is soft.
Zijn stem is zacht.

4 - 7

Send him out.
Stuur hem naar buiten.

Day 4

Week 1

5 - 1

Where are you from?
Waar kom je vandaan?

5 - 2

I'm feeling better.
Ik voel me al beter.

5 - 3

How old is your son?
Hoe oud is je zoon?

5 - 4

It's eleven o'clock.
Het is elf uur.

5 - 5

What's that?
Wat is dat?

5 - 6

Do I have to do it now?
Moet ik het nu doen?

5 - 7

He is very hadworking.
Hij is erg hadwerk.

Day 5

Week 1

6 - 1

He is hungry.
Hij heeft honger.

6 - 2

What a stubborn child!
Wat een koppig kind.

6 - 3

Don't skip meals.
Sla geen maaltijden over.

6 - 4

Please do not litter.
Maak alsjeblieft geen rommel.

6 - 5

He took a deep breath.
Hij haalde diep adem.

6 - 6

Stop here at red.
Stop hier bij rood.

6 - 7

He is in debt.
Hij heeft schulden.

Day 6

Test 1

1/52

7 - 1

We met yesterday.

7 - 2

He is my father.

7 - 3

Is she going to Delhi?

7 - 4

It's been a while.

7 - 5

I'm feeling better.

7 - 6

He is hungry.

7 - 7

He is in debt.

Day 7

Week 2

2/52

8 - 1

Trust me, I can do it.
Vertrouw me, ik kan het.

8 - 2

Do you have insurance?
Heb je een verzekering?

8 - 3

In what price range?
In welke prijsklasse?

8 - 4

Your tickets, please.
Uw kaartjes, alstublieft.

8 - 5

Please take me along.
Neem me mee, alsjeblieft.

8 - 6

She has special powers.
Ze heeft speciale krachten.

8 - 7

Why do you suspect me?
Waarom verdenk je mij?

Day 8

Week 2

9 - 1

Please hurry!
Schiet alsjeblieft op.

9 - 2

My room is rectangular.
Mijn kamer is rechthoekig.

9 - 3

Yes, I'd love to.
Ja, graag.

9 - 4

She has a lot of dolls.
Ze heeft veel poppen.

9 - 5

He is motivated to work.
Hij is gemotiveerd om te werken.

9 - 6

I don't know yet.
Ik weet het nog niet.

9 - 7

Listen to your body.
Luister naar je lichaam.

Day 9

Week 2

10 - 1

I'll be glad to do so.
Dat zal ik graag doen.

10 - 2

Is this your bag?
Is dit uw tas?

10 - 3

I paid my car tax.
Ik heb mijn autobelasting betaald.

10 - 4

When can I talk to you?
Wanneer kan ik met je praten?

10 - 5

He's changed a lot.
Hij is veel veranderd.

10 - 6

It's a kind of fruit.
Het is een soort fruit.

10 - 7

Do the home work.
Doe het huiswerk.

Day 10

Week 2

11 - 1

Is there a bank here?
Is er hier een bank?

11 - 2

Settle down, please.
Gaat u zitten, alstublieft.

11 - 3

Can I help you?
Kan ik u helpen?

11 - 4

Read it out loud.
Lees het hardop.

11 - 5

Do you want a receipt?
Wil je een bonnetje?

11 - 6

Can I pay by cheque?
Kan ik met een cheque betalen?

11 - 7

She ironed the shirt.
Zij heeft het hemd gestreken.

Day 11

Week 2

12 - 1

Buy one get one free.
Koop één, krijg één gratis.

12 - 2

I have one brother.
Ik heb een broer.

12 - 3

Can we meet next Friday?
Kunnen we elkaar volgende vrijdag ontmoeten?

12 - 4

I've been tired today.
Ik ben moe vandaag.

12 - 5

I decided to marry her.
Ik besloot met haar te trouwen.

12 - 6

I'm fine, thank you.
Ik voel me goed, dank je.

12 - 7

Nice day, isn't it?
Mooie dag, nietwaar?

Day 12

Week 2

13 - 1

My nose is itchy.
Mijn neus jeukt.

13 - 2

Don't shout.
Niet schreeuwen.

13 - 3

Get out of my sight.
Ga uit mijn zicht.

13 - 4

Yes. I have.
Ja. Dat heb ik.

13 - 5

What brand is that?
Welk merk is dat?

13 - 6

I want to be a doctor.
Ik wil dokter worden.

13 - 7

Have you got a computer?
Heb je een computer?

Day 13

Test 2

14 - 1

She has special powers.

14 - 2

He is motivated to work.

14 - 3

When can I talk to you?

14 - 4

Can I help you?

14 - 5

I have one brother.

14 - 6

My nose is itchy.

14 - 7

Have you got a computer?

Day 14

Week 3

3/52

15 - 1

I have a scooter.
Ik heb een scooter.

15 - 2

She's a quick learner.
Ze is een snelle leerling.

15 - 3

Can you play the piano?
Kunt u piano spelen?

15 - 4

Safe trip!
Veilige reis!

15 - 5

It's time to leave.
Het is tijd om te vertrekken.

15 - 6

Judgment has been made.
Het oordeel is geveld.

15 - 7

Hide it up somewhere.
Verstop het ergens.

Day 15

Week 3

3/52

16 - 1

Switch off the T.V.
Zet de TV uit.

16 - 2

The dynamite exploded.
Het dynamiet ontplofte.

16 - 3

Do not move the victim.
Verplaats het slachtoffer niet.

16 - 4

The room light is on.
Het licht in de kamer is aan.

16 - 5

His legs are short.
Zijn benen zijn kort.

16 - 6

With whom did you come?
Met wie ben je gekomen?

16 - 7

Please bend your knees.
Buig alstublieft uw knieën.

Day 16

Week 3

17 - 1

It's very cold outside.
Het is erg koud buiten.

17 - 2

Where did you meet him?
Waar heb je hem ontmoet?

17 - 3

Here you go.
Daar ga je.

17 - 4

How much should I pay?
Hoeveel moet ik betalen?

17 - 5

He was shivering.
Hij rilde.

17 - 6

Do whatever you want.
Doe wat je wilt.

17 - 7

Don't doubt yourself.
Twijfel niet aan jezelf.

Day 17

Week 3

18 - 1

The bathroom is there.
De badkamer is daar.

18 - 2

What about you?
Hoe zit het met jou?

18 - 3

This is a lonely song.
Dit is een eenzaam lied.

18 - 4

He is my colleague.
Hij is mijn collega.

18 - 5

A handful of beans.
Een handvol bonen.

18 - 6

Please, come in.
Alstublieft, kom binnen.

18 - 7

What do you mean?
Wat bedoel je?

Day 18

Week 3

19 - 1

She's with me.
Ze is met mij.

19 - 2

I need a green blouse.
Ik heb een groene blouse nodig.

19 - 3

I'm quite sure about it.
Ik ben er vrij zeker van.

19 - 4

Good evening.
Goedenavond.

19 - 5

Mince the garlic.
Hak de knoflook fijn.

19 - 6

Please eat.
Eet alstublieft.

19 - 7

I'm absolutely sure.
Ik weet het heel zeker.

Day 19

Week 3

20 - 1

He slipped on the snow.
Hij gleed uit over de sneeuw.

3/52

20 - 2

What was your first job?
Wat was uw eerste baan?

20 - 3

I remembered the past.
Ik herinnerde me het verleden.

20 - 4

I rarely watch TV.
Ik kijk zelden TV.

20 - 5

I love cats.
Ik hou van katten.

20 - 6

What is your hobby?
Wat is je hobby?

20 - 7

That is common sense.
Dat is gezond verstand.

Day 20

Test 3

3/52

21 - 1

Judgment has been made.

21 - 2

His legs are short.

21 - 3

How much should I pay?

21 - 4

This is a lonely song.

21 - 5

I need a green blouse.

21 - 6

He slipped on the snow.

21 - 7

That is common sense.

Day 21

Week 4

22 - 1

Please come at once.
Komt u alstublieft meteen.

4/52

22 - 2

Sea water is salty.
Zeewater is zout.

22 - 3

Please include me.
Sluit me in, alsjeblieft.

22 - 4

Is this seat taken?
Is deze plaats bezet?

22 - 5

It's for a present.
Het is voor een cadeau.

22 - 6

Do not stare at people.
Staar niet naar mensen.

22 - 7

Put out the fire.
Doof het vuur.

Day 22

Week 4

23 - 1

I was busy this evening.
Ik had het druk vanavond.

23 - 2

We have an emergency.
We hebben een noodgeval.

23 - 3

Why did you call him?
Waarom heb je hem geroepen?

23 - 4

How do I know that?
Hoe weet ik dat nou?

23 - 5

No, I'm serious.
Nee, ik ben serieus.

23 - 6

I got an email from him.
Ik heb een e-mail van hem gekregen.

23 - 7

No one knows the future.
Niemand kent de toekomst.

Day 23

Week 4

24 - 1

My watch is slow.
Mijn horloge is traag.

24 - 2

He has a rich spirit.
Hij heeft een rijke geest.

24 - 3

Is the shop open?
Is de winkel open?

24 - 4

I can't. I'm sorry.
Dat kan ik niet. Het spijt me.

24 - 5

This cat is a female.
Deze kat is een vrouwtje.

24 - 6

Who knows the answer?
Wie weet het antwoord?

24 - 7

I want to get in shape.
Ik wil in vorm komen.

Day 24

Week 4

25 - 1

Fasten your seat belt.
Doe je gordel om.

25 - 2

It's very hot today.
Het is erg warm vandaag.

25 - 3

Don't threaten me.
Bedreig me niet.

25 - 4

All right.
Goed.

25 - 5

How do I?
Hoe doe ik het?

25 - 6

It sounds good.
Het klinkt goed.

25 - 7

Which bus shall I take?
Welke bus zal ik nemen?

Day 25

Week 4

26 - 1

Incredible.
Ongelooflijk.

4/52

26 - 2

Let's begin.
Laten we beginnen.

26 - 3

Are you John?
Ben jij John?

26 - 4

I lost my key today.
Ik verloor mijn sleutel vandaag.

26 - 5

Birds flew southward.
Vogels vlogen zuidwaarts.

26 - 6

What day is today?
Welke dag is het vandaag?

26 - 7

The floor is wet.
De vloer is nat.

Day 26

Week 4

4/52

27 - 1

I arrived home safely.
Ik ben veilig thuis gekomen.

27 - 2

Hold on tight.
Hou je goed vast.

27 - 3

I am a teacher.
Ik ben een leraar.

27 - 4

It's too long for me.
Het is te lang voor mij.

27 - 5

Do not wet clean.
Niet nat poetsen.

27 - 6

It's cold in this room.
Het is koud in deze kamer.

27 - 7

Hello! Do come in!
Hallo! Kom toch binnen!

Day 27

Test 4

28 - 1

Do not stare at people.

4/52

28 - 2

No, I'm serious.

28 - 3

I can't. I'm sorry.

28 - 4

Don't threaten me.

28 - 5

Let's begin.

28 - 6

I arrived home safely.

28 - 7

Hello! Do come in!

Day 28

Week 5

29 - 1

I added my own thought.
Ik voegde er mijn eigen mening aan toe.

5/52

29 - 2

I couldn't agree more.
Ik kon het niet meer eens zijn.

29 - 3

When is your birthday?
Wanneer ben je jarig?

29 - 4

Can anyone hear me?
Kan iemand me horen?

29 - 5

You never listen to me.
Je luistert nooit naar me.

29 - 6

I resemble my mother.
Ik lijk op mijn moeder.

29 - 7

I go by bus.
Ik ga met de bus.

Day 29

Week 5

30 - 1

Well, shall we go?
Nou, zullen we gaan?

5/52

30 - 2

The last step is.
De laatste stap is.

30 - 3

The test was very easy.
De test was heel gemakkelijk.

30 - 4

They are engaged.
Zij zijn verloofd.

30 - 5

Enjoy your meal!
Eet smakelijk!

30 - 6

What's the time?
Hoe laat is het?

30 - 7

Let me pour you a drink.
Laat me je een drankje inschenken.

Day 30

Week 5

5/52

31 - 1

He's already gone home.
Hij is al naar huis.

31 - 2

Please open to page 32.
Open pagina 32.

31 - 3

Don't confuse me.
Breng me niet in verwarring.

31 - 4

Where does he live?
Waar woont hij?

31 - 5

I'm sure about it.
Ik ben er zeker van.

31 - 6

You're so sweet.
Je bent zo lief.

31 - 7

He spoke loudly.
Hij sprak luid.

Day 31

Week 5

32 - 1

That's not right.
Dat is niet goed.

5/52

32 - 2

A leaf of lettuce.
Een blaadje sla.

32 - 3

Fit as a fiddle.
Fit als een hoentje.

32 - 4

Let's go home together.
Laten we samen naar huis gaan.

32 - 5

Then, you.
Dan, jij.

32 - 6

Please pay in cash.
Graag contant betalen.

32 - 7

Don't move with them.
Beweeg niet met hen.

Day 32

Week 5

5/52

33 - 1

I am a social worker.
Ik ben een sociaal werker.

33 - 2

I dyed my hair red.
Ik heb mijn haar rood geverfd.

33 - 3

He is my best friend.
Hij is mijn beste vriend.

33 - 4

Are you free now?
Ben je nu vrij?

33 - 5

You're right.
Je hebt gelijk.

33 - 6

She likes traveling.
Ze houdt van reizen.

33 - 7

He is not a bad person.
Hij is geen slecht mens.

Day 33

Week 5

34 - 1

I am ready.
Ik ben klaar.

5/52

34 - 2

By all means.
Met alle middelen.

34 - 3

Stay with me.
Blijf bij me.

34 - 4

He is on leave.
Hij is met verlof.

34 - 5

I'll go there by bus.
Ik ga er met de bus heen.

34 - 6

I can't move.
Ik kan me niet bewegen.

34 - 7

What are you doing?
Wat zijn jullie aan het doen?

Day 34

Test 5

35 - 1

I resemble my mother.

5/52

35 - 2

Enjoy your meal!

35 - 3

Where does he live?

35 - 4

Fit as a fiddle.

35 - 5

I dyed my hair red.

35 - 6

I am ready.

35 - 7

What are you doing?

Day 35

Week 6

36 - 1

Sorry, it's my fault.
Sorry, het is mijn schuld.

6/52

36 - 2

One of my eyes is itchy.
Een van mijn ogen jeukt.

36 - 3

My boss gave me his car.
Mijn baas heeft me zijn auto gegeven.

36 - 4

Please breathe slowly.
Adem alsjeblieft langzaam.

36 - 5

Lastly, you.
Ten slotte, jij.

36 - 6

What a nice dress.
Wat een mooie jurk.

36 - 7

This one is cheaper.
Deze is goedkoper.

Day 36

Week 6

6/52

37 - 1

We've run out of time.
We hebben geen tijd meer.

37 - 2

It's very cool today.
Het is erg koel vandaag.

37 - 3

Don't panic.
Geen paniek.

37 - 4

It's a great shame.
Het is een grote schande.

37 - 5

Turn headlights on.
Doe de koplampen aan.

37 - 6

How long is the film?
Hoe lang is de film?

37 - 7

Are the shops open?
Zijn de winkels open?

Day 37

Week 6

38 - 1

I left her a message.
Ik heb haar een bericht achtergelaten.

38 - 2

Do you know that girl?
Ken je dat meisje?

38 - 3

Is he coming regularly?
Komt hij regelmatig?

38 - 4

She's a quiet person.
Ze is een rustig persoon.

38 - 5

Cross the street.
Steek de straat over.

38 - 6

What a cheeky fellow!
Wat een brutale kerel!

38 - 7

He's a good person.
Hij is een goed mens.

Day 38

Week 6

39 - 1

Are you aware of that?
Bent u zich daarvan bewust?

6/52

39 - 2

She smiled at me.
Ze lachte naar me.

39 - 3

You look pale.
Je ziet bleek.

39 - 4

This is absurd!
Dit is absurd!

39 - 5

That's very kind of you.
Dat is erg aardig van je.

39 - 6

Nice work.
Goed werk.

39 - 7

Congratulations!
Gefeliciteerd!

Day 39

Week 6

40 - 1

How much does it cost?
Hoeveel kost het?

40 - 2

My father loves fishing.
Mijn vader houdt van vissen.

40 - 3

Is this reduced?
Is dit afgeprijsd?

40 - 4

Have a safe flight!
Heb een veilige vlucht!

40 - 5

It's raining heavily.
Het regent hard.

40 - 6

I have little money.
Ik heb weinig geld.

40 - 7

I didn't mean to.
Dat was niet mijn bedoeling.

Day 40

Week 6

41 - 1

It's was nothing.
Het was niets.

41 - 2

Stop playing pranks.
Stop met grappen uithalen.

41 - 3

What's wrong?
Wat is er mis?

41 - 4

I forgot my handbag.
Ik ben mijn handtas vergeten.

41 - 5

I am in pain.
Ik heb pijn.

41 - 6

Any message please?
Een boodschap alstublieft?

41 - 7

What a bad idea.
Wat een slecht idee.

Day 41

Test 6

42 - 1

What a nice dress.

42 - 2

Turn headlights on.

42 - 3

She's a quiet person.

42 - 4

You look pale.

42 - 5

My father loves fishing.

42 - 6

It's was nothing.

42 - 7

What a bad idea.

Day 42

Week 7

43 - 1

She's 27 years old.
Ze is 27 jaar oud.

7/52

43 - 2

I met her downtown.
Ik ontmoette haar in de stad.

43 - 3

I do not like you.
Ik vind u niet aardig.

43 - 4

This pipe is clogged.
Deze pijp is verstopt.

43 - 5

Hi Jack. I'm Sophia.
Hoi Jack. Ik ben Sophia.

43 - 6

Where are you living?
Waar woon je dan?

43 - 7

My nose is stuffed up.
Mijn neus is verstopt.

Day 43

Week 7

44 - 1

Is the rumor true?
Is het gerucht waar?

44 - 2

My kid wants some juice.
Mijn kind wil wat sap.

44 - 3

What happened?
Wat is er gebeurd?

44 - 4

I have a favor to ask.
Ik moet je om een gunst vragen.

44 - 5

Never mind.
Maakt niet uit.

44 - 6

The meat is cooked.
Het vlees is gaar.

44 - 7

There is an accident.
Er is een ongeluk gebeurd.

Day 44

Week 7

45 - 1

Hybrid vehicles only.
Alleen hybride voertuigen.

7/52

45 - 2

I won't go if it rains.
Ik ga niet als het regent.

45 - 3

I have a car.
Ik heb een auto.

45 - 4

I have an idea.
Ik heb een idee.

45 - 5

I have a sore throat.
Ik heb een zere keel.

45 - 6

I belong to New York.
Ik hoor bij New York.

45 - 7

Please have your seat.
Ga alstublieft zitten.

Day 45

Week 7

46 - 1

Emergency telephone.
Telefoon voor noodgevallen.

46 - 2

No cheating, please.
Geen valsspelen, alstublieft.

46 - 3

She glared at me.
Ze staarde naar me.

46 - 4

The pool is packed.
Het zwembad is vol.

46 - 5

You should read a lot.
Je zou veel moeten lezen.

46 - 6

It's a full moon today.
Het is volle maan vandaag.

46 - 7

I run my own business.
Ik run mijn eigen bedrijf.

Day 46

Week 7

47 - 1

Is he giving the book?
Geeft hij het boek?

7/52

47 - 2

It's too loose.
Het is te los.

47 - 3

I love to eat.
Ik hou van eten.

47 - 4

She wore a purple dress.
Ze droeg een paarse jurk.

47 - 5

We come from Paris.
Wij komen uit Parijs.

47 - 6

Who is still answering?
Wie antwoordt er nog?

47 - 7

He used to be poor.
Vroeger was hij arm.

Day 47

Week 7

48 - 1

He's rich.
Hij is rijk.

48 - 2

Why are you laughing?
Waarom lach je?

48 - 3

How can I help you?
Hoe kan ik u helpen?

48 - 4

My father snores loudly.
Mijn vader snurkt hard.

48 - 5

She's in the movie.
Ze speelt in de film.

48 - 6

Please stand up.
Sta alstublieft op.

48 - 7

Please go in front.
Ga vooraan staan.

Day 48

Test 7

49 - 1

Where are you living?

7/52

49 - 2

Never mind.

49 - 3

I have an idea.

49 - 4

She glared at me.

49 - 5

It's too loose.

49 - 6

He's rich.

49 - 7

Please go in front.

Day 49

Week 8

50 - 1

Why is he dull?
Waarom is hij saai?

50 - 2

Is breakfast included?
Is het ontbijt inbegrepen?

50 - 3

No, I don't mind.
Nee, ik vind het niet erg.

50 - 4

Call a fire brigade!
Bel de brandweer!

50 - 5

I get up at 6.30.
Ik sta op om 6.30.

50 - 6

I ate a lot of salad.
Ik heb veel salade gegeten.

50 - 7

It's ten past eleven.
Het is tien over elf.

Day 50

Week 8

51 - 1

I feel giddy.
Ik voel me duizelig.

8/52

51 - 2

I had cookies and tea.
Ik had koekjes en thee.

51 - 3

Here is your tip.
Hier is je fooi.

51 - 4

Please ask someone.
Vraag alstublieft iemand.

51 - 5

Repeat after me.
Herhaal wat ik zeg.

51 - 6

I am so sorry.
Het spijt me zo.

51 - 7

Turn left.
Links afslaan.

Day 51

Week 8

52 - 1

Of course.
Natuurlijk.

52 - 2

8/52

A pack of vitamins.
Een pakje vitaminen.

52 - 3

Get dressed quickly.
Kleed je snel aan.

52 - 4

She has big legs.
Ze heeft grote benen.

52 - 5

Does the water boil?
Kookt het water?

52 - 6

When is it?
Wanneer is het?

52 - 7

It is as you say.
Het is zoals je zegt.

Day 52

Week 8

53 - 1

This blanket is warm.
Deze deken is warm.

8/52

53 - 2

It is not your fault.
Het is niet jouw schuld.

53 - 3

I didn't know that song.
Ik kende dat liedje niet.

53 - 4

Where's the bank?
Waar is de bank?

53 - 5

The dog bit my hand.
De hond beet in mijn hand.

53 - 6

A stick of butter.
Een stokje boter.

53 - 7

I feel hungry.
Ik heb honger.

Day 53

Week 8

54 - 1

I like oranges.
Ik hou van sinaasappels.

54 - 2

8/52

She was born in Paris.
Ze is geboren in Parijs.

54 - 3

I'll pay for that.
Daar betaal ik voor.

54 - 4

I'm physically strong.
Ik ben lichamelijk sterk.

54 - 5

May I have a word?
Mag ik iets zeggen?

54 - 6

It's windy.
Het is winderig.

54 - 7

You can go home.
Je kunt naar huis gaan.

Day 54

Week 8

55 - 1

He's a careful person.
Hij is een voorzichtig persoon.

8/52

55 - 2

Please do.
Doe dat alsjeblieft.

55 - 3

May I have your address?
Mag ik uw adres?

55 - 4

Do what you like.
Doe wat je leuk vindt.

55 - 5

I want more freedom.
Ik wil meer vrijheid.

55 - 6

It's twelve thirty.
Het is half één.

55 - 7

I want to go shopping!
Ik wil gaan winkelen!

Day 55

Test 8

56 - 1

I ate a lot of salad.

56 - 2

Repeat after me.

8/52

56 - 3

She has big legs.

56 - 4

I didn't know that song.

56 - 5

She was born in Paris.

56 - 6

He's a careful person.

56 - 7

I want to go shopping!

Day 56

Week 9

57 - 1

Have lunch.
Ga lunchen.

9/52

57 - 2

The moon is waxing.
De maan is wassend.

57 - 3

He had indigestion.
Hij had indigestie.

57 - 4

It is forbidden to.
Het is verboden om.

57 - 5

My watch is stopped.
Mijn horloge is gestopt.

57 - 6

He laughed loudly.
Hij lachte hard.

57 - 7

I got up at seven today.
Ik ben vandaag om zeven uur opgestaan.

Day 57

Week 9

58 - 1

Let me help you.
Laat me je helpen.

58 - 2

Please sign here.
Hier tekenen alstublieft.

58 - 3

The teacher guides us.
De leraar begeleidt ons.

58 - 4

Raise your pencils.
Potloden omhoog.

58 - 5

The cake is too sweet.
De taart is te zoet.

58 - 6

I'd be happy to.
Ik zou het graag doen.

58 - 7

What did you buy?
Wat heb je gekocht?

Day 58

Week 9

59 - 1

It's very gaudy.
Het is erg opzichtig.

9/52

59 - 2

He made her very angry.
Hij maakte haar erg boos.

59 - 3

Don't you have a pen?
Heb je geen pen?

59 - 4

We will have a meeting.
We zullen een vergadering hebben.

59 - 5

He was greatly pleased.
Hij was zeer tevreden.

59 - 6

All the best.
Het allerbeste.

59 - 7

It's good to see you.
Het is goed om je te zien.

Day 59

Week 9

60 - 1

Let's call the waiter.
Laten we de ober roepen.

60 - 2

Did he say anything?
Heeft hij iets gezegd?

60 - 3

I wouldn't mind.
Ik zou het niet erg vinden.

60 - 4

I have made a mistake.
Ik heb een fout gemaakt.

60 - 5

No food and drinks.
Geen eten en drinken.

60 - 6

Always wash your hands.
Was altijd je handen.

60 - 7

Can I sit here?
Mag ik hier zitten?

Day 60

Week 9

61 - 1

With pleasure.
Met plezier.

61 - 2

9/52

Your sister is kind.
Je zus is aardig.

61 - 3

My father yawned.
Mijn vader gaapte.

61 - 4

He mumbled to himself.
Hij mompelde tegen zichzelf.

61 - 5

Why did you go there?
Waarom ging je daarheen?

61 - 6

Do you understand?
Begrijp je?

61 - 7

Challenge yourself.
Daag jezelf uit.

Day 61

Week 9

62 - 1

Our cat had kittens.
Onze kat heeft kittens gekregen.

62 - 2

I will ask them to wait.
Ik zal ze vragen om te wachten.

9/52

62 - 3

Do you serve alcohol?
Serveer je alcohol?

62 - 4

I wish he gets well.
Ik wens dat hij beter wordt.

62 - 5

I'm not sure about it.
Ik ben er niet zeker van.

62 - 6

What's the problem?
Wat is het probleem?

62 - 7

That's a nuisance.
Dat is vervelend.

Day 62

Test 9

63 - 1

He laughed loudly.

9/52

63 - 2

The cake is too sweet.

63 - 3

We will have a meeting.

63 - 4

I wouldn't mind.

63 - 5

Your sister is kind.

63 - 6

Our cat had kittens.

63 - 7

That's a nuisance.

Day 63

Week 10

64 - 1

He's very popular.
Hij is erg populair.

64 - 2

Good afternoon.
Goedemiddag.

10/52

64 - 3

Shall I make tea?
Zal ik thee zetten?

64 - 4

My room is small.
Mijn kamer is klein.

64 - 5

Can I leave a message?
Kan ik een boodschap achterlaten?

64 - 6

He is my husband.
Hij is mijn echtgenoot.

64 - 7

Can I borrow a pencil?
Kan ik een potlood lenen?

Day 64

Week 10

65 - 1

Can I take any message?
Kan ik een boodschap aannemen?

65 - 2

10/52

Let's bring some water.
Laten we wat water brengen.

65 - 3

I'm sorry I'm late.
Het spijt me dat ik te laat ben.

65 - 4

I will not buy it.
Ik zal het niet kopen.

65 - 5

I'm not available today.
Ik ben vandaag niet beschikbaar.

65 - 6

This river is shallow.
Deze rivier is ondiep.

65 - 7

He has high ideals.
Hij heeft hoge idealen.

Day 65

Week 10

66 - 1

I saw his album.
Ik zag zijn album.

66 - 2

I'm unemployed.
Ik ben werkloos.

10/52

66 - 3

The house is beautiful.
Het huis is prachtig.

66 - 4

Are they from abroad?
Komen ze uit het buitenland?

66 - 5

Time flies.
De tijd vliegt.

66 - 6

I'll connect you now.
Ik verbind u nu door.

66 - 7

It smells good.
Het ruikt lekker.

Day 66

Week 10

67 - 1

Take care of yourself.
Pas goed op jezelf.

67 - 2

 10/52

Yes, Sunday is fine.
Ja, zondag is prima.

67 - 3

Let's keep in touch!
Laten we contact houden.

67 - 4

Next please.
Volgende alstublieft.

67 - 5

Where is the baker's?
Waar is de bakker?

67 - 6

No homework for today.
Geen huiswerk voor vandaag.

67 - 7

He got the silver medal.
Hij kreeg de zilveren medaille.

Day 67

Week 10

68 - 1

My father drives safely.
Mijn vader rijdt veilig.

68 - 2

You can't.
Dat kun je niet.

10/52

68 - 3

Don't worry about it.
Maak je er geen zorgen over.

68 - 4

I don't get it.
Ik krijg het niet.

68 - 5

This smells too sweet.
Dit ruikt te zoet.

68 - 6

Forget the past.
Vergeet het verleden.

68 - 7

He is out of town.
Hij is de stad uit.

Day 68

Week 10

69 - 1

I love stopovers.
Ik hou van tussenstops.

69 - 2

He threw the ball.
Hij gooide de bal.

69 - 3

I sorted out my clothes.
Ik heb mijn kleren uitgezocht.

69 - 4

Calm down.
Kalmeer.

69 - 5

Get out of here!
Maak dat je wegkomt!

69 - 6

It's not my fault.
Het is niet mijn schuld.

69 - 7

I think it's boring.
Ik vind het saai.

Day 69

Test 10

70 - 1

He is my husband.

70 - 2

I'm not available today.

10/52

70 - 3

Are they from abroad?

70 - 4

Let's keep in touch!

70 - 5

You can't.

70 - 6

I love stopovers.

70 - 7

I think it's boring.

Day 70

Week 11

71 - 1

I live in London.
Ik woon in Londen.

71 - 2

What time does it end?
Hoe laat is het afgelopen?

71 - 3

Be careful.
Wees voorzichtig.

71 - 4

The bath is ready.
Het bad is klaar.

71 - 5

When were you born?
Wanneer ben jij geboren?

71 - 6

Is it all true?
Is het allemaal waar?

71 - 7

I like dogs a lot.
Ik hou veel van honden.

Day 71

Week 11

72 - 1

Take care.
Wees voorzichtig.

72 - 2

I left a key with him.
Ik heb een sleutel bij hem achtergelaten.

11/52

72 - 3

It wasn't me.
Ik was het niet.

72 - 4

I have got a puncture.
Ik heb een punctie.

72 - 5

It's stifling hot.
Het is stikheet.

72 - 6

I am outspoken.
Ik ben uitgesproken.

72 - 7

I didn't do it.
Ik heb het niet gedaan.

Day 72

Week 11

73 - 1

The water is soft.
Het water is zacht.

73 - 2

The flu spread rapidly.
De griep verspreidde zich snel.

73 - 3

I owe you an apology.
Ik ben je een verontschuldiging schuldig.

73 - 4

It's too loose for me.
Het is te los voor mij.

73 - 5

Are you in the queue?
Sta je in de rij?

73 - 6

Thanks, I'll do it.
Bedankt, ik zal het doen.

73 - 7

I know that.
Dat weet ik.

Day 73

Week 11

74 - 1

It looks great on you!
Het staat je goed!

74 - 2

My sister is kind.
Mijn zus is aardig.

11/52

74 - 3

I am really cold.
Ik heb het echt koud.

74 - 4

Please turn this way.
Deze kant op alstublieft.

74 - 5

Please turn left there.
Ga daar linksaf.

74 - 6

She despised him.
Ze verachtte hem.

74 - 7

I get up at 5.15.
Ik sta om 5.15 op.

Day 74

Week 11

11/52

75 - 1

Who will help you?
Wie zal je helpen?

75 - 2

Brilliant idea!
Briljant idee!

75 - 3

Can I get extra linen?
Kan ik extra linnengoed krijgen?

75 - 4

It might rain today.
Het zou vandaag kunnen regenen.

75 - 5

Add a little more salt.
Doe er nog wat zout bij.

75 - 6

Do not drink.
Niet drinken.

75 - 7

Go straight on.
Ga rechtdoor.

Day 75

Week 11

76 - 1

Insert your pin code.
Voer uw pincode in.

76 - 2

I don't mind.
Ik vind het niet erg.

11/52

76 - 3

You've made my day.
Je hebt mijn dag goed gemaakt.

76 - 4

Have you been lifting?
Heb je getild?

76 - 5

People speak French.
De mensen spreken Frans.

76 - 6

I see what you mean.
Ik begrijp wat je bedoelt.

76 - 7

Note the address.
Let op het adres.

Day 76

Test 11

77 - 1

Is it all true?

77 - 2

It's stifling hot.

11/52

77 - 3

It's too loose for me.

77 - 4

I am really cold.

77 - 5

Brilliant idea!

77 - 6

Insert your pin code.

77 - 7

Note the address.

Day 77

Week 12

78 - 1

Please wear slippers.
Doe alsjeblieft slippers aan.

78 - 2

Use black ink only.
Gebruik alleen zwarte inkt.

12/52

78 - 3

I need health insurance.
Ik heb een ziektekostenverzekering nodig.

78 - 4

Mind your tongue.
Let op je tong.

78 - 5

We are three sisters.
Wij zijn drie zussen.

78 - 6

I like strong tastes.
Ik hou van sterke smaken.

78 - 7

Is she calling you?
Roept ze je?

Day 78

Week 12

79 - 1

There are seven bananas.
Er zijn zeven bananen.

79 - 2

12/52

I bought a red rose.
Ik heb een rode roos gekocht.

79 - 3

I have a headache.
Ik heb hoofdpijn.

79 - 4

Is this show good?
Is deze show goed?

79 - 5

He suddenly stood up.
Hij stond plotseling op.

79 - 6

Hello, can you hear me?
Hallo, kun je me horen?

79 - 7

I belong to Oxford.
Ik hoor bij Oxford.

Day 79

Week 12

80 - 1

Don't talk about that.
Praat daar niet over.

80 - 2

No big deal.
Geen probleem.

12/52

80 - 3

Bye for now.
Tot ziens.

80 - 4

His story is boring.
Zijn verhaal is saai.

80 - 5

I am happy today.
Ik ben gelukkig vandaag.

80 - 6

This is my fiancé.
Dit is mijn verloofde.

80 - 7

Violence is wrong.
Geweld is verkeerd.

Day 80

Week 12

81 - 1

Is service included?
Is de service inbegrepen?

81 - 2

Did you call me?
Heb je me geroepen?

12/52

81 - 3

When will he be back?
Wanneer komt hij terug?

81 - 4

How do you know her?
Hoe ken je haar?

81 - 5

I am terribly sorry.
Het spijt me vreselijk.

81 - 6

A fly is buzzing.
Een vlieg zoemt.

81 - 7

Let me check for you.
Laat me het voor je controleren.

Day 81

Week 12

82 - 1

A full glass of milk.
Een vol glas melk.

82 - 2

He scored three goals.
Hij scoorde drie doelpunten.

12/52

82 - 3

I'm sleepy.
Ik ben slaperig.

82 - 4

I have strong teeth.
Ik heb sterke tanden.

82 - 5

It's a waste of time.
Het is tijdverspilling.

82 - 6

He is doing fine.
Hij doet het goed.

82 - 7

Who is this man?
Wie is die man?

Day 82

Week 12

83 - 1

How is everyone?
Hoe gaat het met iedereen?

83 - 2

Do you think it is true?
Denk je dat het waar is?

12/52

83 - 3

See you next time.
Tot de volgende keer.

83 - 4

Thank you so much!
Heel erg bedankt.

83 - 5

He studies medicine.
Hij studeert medicijnen.

83 - 6

How do you manage?
Hoe red je je?

83 - 7

Are you employed?
Ben je in dienst?

Day 83

Test 12

84 - 1

I like strong tastes.

84 - 2

He suddenly stood up.

12/52

84 - 3

His story is boring.

84 - 4

When will he be back?

84 - 5

He scored three goals.

84 - 6

How is everyone?

84 - 7

Are you employed?

Day 84

Week 13

85 - 1

Before you begin.
Voordat je begint.

85 - 2

I'll ride there.
Ik zal erheen rijden.

13/52

85 - 3

Can I give you a hand?
Kan ik u een hand geven?

85 - 4

Mind the steps.
Let op de treden.

85 - 5

It is very far.
Het is erg ver.

85 - 6

Roses smell sweet.
Rozen ruiken zoet.

85 - 7

Please call me at home.
Bel me alsjeblieft thuis.

Day 85

Week 13

86 - 1

I don't play any sports.
Ik doe niet aan sport.

86 - 2

I feel thirsty.
Ik heb dorst.

13/52

86 - 3

This bag is heavy.
Deze tas is zwaar.

86 - 4

It is straight ahead.
Het is rechtdoor.

86 - 5

Please pass me the salt.
Geef me het zout.

86 - 6

Where's the bathroom?
Waar is de badkamer?

86 - 7

It's very near.
Het is heel dichtbij.

Day 86

Week 13

87 - 1

He was overtaking.
Hij haalde in.

87 - 2

13/52

What sport do you do?
Welke sport beoefen je?

87 - 3

I have a dull feeling.
Ik heb een duf gevoel.

87 - 4

I like a darker one.
Ik hou van een donkere.

87 - 5

It's too expensive.
Het is te duur.

87 - 6

Who's speaking?
Met wie spreek je?

87 - 7

He ate rice in a bowl.
Hij at rijst in een kom.

Day 87

Week 13

88 - 1

No smoking.
Niet roken.

88 - 2

He's a cunning man.
Hij is een sluw man.

13/52

88 - 3

It's my fault.
Het is mijn schuld.

88 - 4

I need to see a doctor.
Ik moet naar een dokter.

88 - 5

I'm off work tomorrow.
Ik ben morgen vrij.

88 - 6

His father is a teacher.
Zijn vader is een leraar.

88 - 7

Open wide, please.
Wijd open, alstublieft.

Day 88

Week 13

89 - 1

How old are you?
Hoe oud ben je?

89 - 2

He owns three cars.
Hij bezit drie auto's.

13/52

89 - 3

I can't breathe.
Ik kan niet ademen.

89 - 4

The deadline is near.
De deadline is nabij.

89 - 5

What time is it leaving?
Hoe laat vertrekt hij?

89 - 6

He left the group.
Hij verliet de groep.

89 - 7

I'm from the U.S.
Ik kom uit de V.S.

Day 89

Week 13

90 - 1

What time can we meet?
Hoe laat kunnen we afspreken?

90 - 2

That's so sad.
Dat is zo triest.

13/52

90 - 3

When do you return home?
Wanneer komt u weer thuis?

90 - 4

This apple's rotten.
Deze appel is rot.

90 - 5

He was nervous.
Hij was nerveus.

90 - 6

Where do you work?
Waar werk je?

90 - 7

How did they escape?
Hoe zijn ze ontsnapt?

Day 90

Test 13

91 - 1

Roses smell sweet.

91 - 2

Please pass me the salt.

13/52

91 - 3

I like a darker one.

91 - 4

It's my fault.

91 - 5

He owns three cars.

91 - 6

What time can we meet?

91 - 7

How did they escape?

Day 91

Week 14

14/52

92 - 1

I got wet in the rain.
Ik werd nat in de regen.

92 - 2

Do you have any doubt?
Heb je twijfels?

92 - 3

Close your eyes.
Doe je ogen dicht.

92 - 4

A dash of pepper.
Een vleugje peper.

92 - 5

No, I'd rather not.
Nee, liever niet.

92 - 6

Please don't be late.
Kom alstublieft niet te laat.

92 - 7

That sounds delicious!
Dat klinkt heerlijk!

Day 92

Week 14

93 - 1

She had surgery.
Ze is geopereerd.

93 - 2

He has thick eyebrows.
Hij heeft dikke wenkbrauwen.

14/52

93 - 3

My name is John.
Mijn naam is John.

93 - 4

It is nothing.
Het is niets.

93 - 5

I miss you.
Ik mis je.

93 - 6

Hi! How are you doing?
Hoi. Hoe gaat het met je?

93 - 7

I read your book.
Ik heb je boek gelezen.

Day 93

Week 14

94 - 1

My son broke my glasses.
Mijn zoon heeft mijn bril gebroken.

94 - 2

All are fine.
Ze zijn allemaal in orde.

14/52

94 - 3

I don't think so.
Ik denk het niet.

94 - 4

He runs fast.
Hij loopt hard.

94 - 5

I feel very tired.
Ik voel me erg moe.

94 - 6

Do not iron.
Niet strijken.

94 - 7

I did my best.
Ik heb m'n best gedaan.

Day 94

Week 14

95 - 1

It's nice to meet you.
Het is leuk je te ontmoeten.

95 - 2

You don't have to wait.
Je hoeft niet te wachten.

14/52

95 - 3

Pork is delicious.
Varkensvlees is heerlijk.

95 - 4

I work from home.
Ik werk vanuit huis.

95 - 5

There's a bird flying.
Er vliegt een vogel.

95 - 6

I have a stomachache.
Ik heb buikpijn.

95 - 7

Be quiet as you leave.
Wees stil als je weggaat.

Day 95

Week 14

96 - 1

First, you.
Jij eerst.

96 - 2

Who told you?
Wie heeft je dat verteld?

14/52

96 - 3

I like watching T.V.
Ik kijk graag naar T.V.

96 - 4

May I come in?
Mag ik binnenkomen?

96 - 5

How long will it take?
Hoe lang gaat het duren?

96 - 6

Just a moment.
Een ogenblikje.

96 - 7

Are you angry with me?
Ben je boos op me?

Day 96

Week 14

97 - 1

Where have you been?
Waar bent u geweest?

97 - 2

How is everybody?
Hoe gaat het met iedereen?

14/52

97 - 3

Does he have a pulse?
Heeft hij een polsslag?

97 - 4

I have a half-sister.
Ik heb een halfzus.

97 - 5

Today is a holiday.
Vandaag is een feestdag.

97 - 6

What's your question?
Wat is je vraag?

97 - 7

I come from Chicago.
Ik kom uit Chicago.

Test 14

98 - 1

Please don't be late.

98 - 2

I miss you.

14/52

98 - 3

He runs fast.

98 - 4

Pork is delicious.

98 - 5

Who told you?

98 - 6

Where have you been?

98 - 7

I come from Chicago.

Day 98

Week 15

99 - 1

I sealed the letter.
Ik heb de brief verzegeld.

99 - 2

Let's try harder.
Laten we beter ons best doen.

15/52

99 - 3

A table for two, please.
Een tafel voor twee, alstublieft.

99 - 4

I'm scared of dogs.
Ik ben bang voor honden.

99 - 5

Ask him not to go there.
Vraag hem daar niet heen te gaan.

99 - 6

You are not allowed to.
Je mag niet.

99 - 7

My soup is cold.
Mijn soep is koud.

Day 99

Week 15

100 - 1

How do I go about?
Hoe doe ik het?

100 - 2

Yes. Certainly.
Ja. Zeker.

15/52

100 - 3

I don't eat salad.
Ik eet geen salade.

100 - 4

She has blue eyes.
Ze heeft blauwe ogen.

100 - 5

Where do I have to sign?
Waar moet ik tekenen?

100 - 6

Shall we start?
Zullen we beginnen?

100 - 7

Are your equipment new?
Zijn je spullen nieuw?

Day 100

Week 15

101 - 1

He is very sensitive.
Hij is erg gevoelig.

101 - 2

Could I have a receipt?
Kan ik een bonnetje krijgen?

101 - 3

Has anyone seen my bag?
Heeft iemand mijn tas gezien?

101 - 4

I keep my promise.
Ik hou mijn belofte.

101 - 5

Please give me that one.
Geef me die ene.

101 - 6

I don't watch much TV.
Ik kijk niet veel TV.

101 - 7

He turned the page.
Hij sloeg de bladzijde om.

Day 101

Week 15

102 - 1

What do you think?
Wat denk je?

102 - 2

Does the dog bite?
Bijt de hond?

102 - 3

15/52

The answer is wrong.
Het antwoord is fout.

102 - 4

Talk to you later.
Ik spreek je later.

102 - 5

Can I use the gym?
Mag ik naar de sportzaal?

102 - 6

Are you going with them?
Ga je met ze mee?

102 - 7

Thanks so much.
Heel erg bedankt.

Day 102

Week 15

103 - 1

If only he were here!
Was hij maar hier!

103 - 2

Call the nurse.
Bel de verpleegster.

15/52

103 - 3

Talk to a witness.
Praat met een getuige.

103 - 4

He's good at singing.
Hij kan goed zingen.

103 - 5

Sure. I'll come.
Zeker. Ik zal komen.

103 - 6

He is my grandfather.
Hij is mijn grootvader.

103 - 7

This bra is too large.
Deze beha is te groot.

Day 103

Week 15

104 - 1

Who cares.
Wie kan het wat schelen.

104 - 2

Is she your sister?
Is ze je zus?

15/52

104 - 3

My grandfather got sick.
Mijn opa is ziek geworden.

104 - 4

She loves to dance.
Zij houdt van dansen.

104 - 5

I'm a student.
Ik ben een student.

104 - 6

We have to work on it.
We moeten er aan werken.

104 - 7

Jokes do have limits.
Grappen hebben grenzen.

Day 104

Test 15

105 - 1

You are not allowed to.

105 - 2

Where do I have to sign?

15/52

105 - 3

I keep my promise.

105 - 4

The answer is wrong.

105 - 5

Call the nurse.

105 - 6

Who cares.

105 - 7

Jokes do have limits.

Day 105

(Week 16)

106 - 1

What is your shoe size?
Wat is uw schoenmaat?

106 - 2

The meal is ready.
Het eten is klaar.

106 - 3

16/52

My car is broken.
Mijn auto is kapot.

106 - 4

You must not.
Je mag niet.

106 - 5

I will take a bath.
Ik zal een bad nemen.

106 - 6

Oh, that's terrible.
Oh, dat is verschrikkelijk.

106 - 7

My camera broke.
Mijn camera is stuk.

(**Day 106**)

Week 16

107 - 1

I'm a little tired.
Ik ben een beetje moe.

107 - 2

How are things?
Hoe gaat het?

16/52

107 - 3

What time is my flight?
Hoe laat vertrekt mijn vlucht?

107 - 4

No, thanks.
Nee, bedankt.

107 - 5

It's worth the price.
Het is de prijs waard.

107 - 6

When is the next train?
Wanneer komt de volgende trein?

107 - 7

This is a small town.
Dit is een kleine stad.

Day 107

Week 16

108 - 1

I'm very sleepy today.
Ik ben erg slaperig vandaag.

108 - 2

You were almost right.
Je had bijna gelijk.

108 - 3

16/52

I like reading books.
Ik lees graag boeken.

108 - 4

The dog licked my face.
De hond likte mijn gezicht.

108 - 5

Someone stole my bag.
Iemand heeft mijn tas gestolen.

108 - 6

Get enough sleep.
Zorg dat je genoeg slaap krijgt.

108 - 7

It was a touching film.
Het was een ontroerende film.

Day 108

Week 16

109 - 1

He watches movies a lot.
Hij kijkt veel films.

109 - 2

Yes, I'd love too.
Ja, dat zou ik ook graag willen.

16/52

109 - 3

He injured his elbow.
Hij verwondde zijn elleboog.

109 - 4

Could I have a refund?
Kan ik mijn geld terugkrijgen?

109 - 5

The air is clean here.
De lucht is hier schoon.

109 - 6

I go by cycle.
Ik ga met de fiets.

109 - 7

His crime is serious.
Zijn misdaad is ernstig.

Day 109

Week 16

110 - 1

He lost consciousness.
Hij verloor het bewustzijn.

110 - 2

I'll join you.
Ik ga met je mee.

110 - 3

Where did he come?
Waar is hij gekomen?

16/52

110 - 4

Don't go there.
Ga er niet heen.

110 - 5

He works hard every day.
Hij werkt elke dag hard.

110 - 6

How about three o'clock?
Hoe is het om drie uur?

110 - 7

There is an explosion.
Er is een explosie.

Day 110

Week 16

111 - 1

We got on the ship.
We zijn op het schip gestapt.

111 - 2

What's the matter?
Wat is er aan de hand?

16/52

111 - 3

The door bell rang.
De deurbel ging.

111 - 4

Don't go near him!
Kom niet bij hem in de buurt.

111 - 5

Good to see you.
Goed je te zien.

111 - 6

That's all right.
Dat is goed.

111 - 7

Meet them in person.
Ontmoet ze persoonlijk.

Test 16

112 - 1

Oh, that's terrible.

112 - 2

It's worth the price.

112 - 3

The dog licked my face.

16/52

112 - 4

He injured his elbow.

112 - 5

I'll join you.

112 - 6

We got on the ship.

112 - 7

Meet them in person.

Day 112

Week 17

113 - 1

Oh no, what a shame.
Oh nee, wat een schande.

113 - 2

I go by scooter.
Ik ga met de scooter.

17/52

113 - 3

I don't have time.
Ik heb geen tijd.

113 - 4

I prefer tea to coffee.
Ik heb liever thee dan koffie.

113 - 5

3 is an odd number.
3 is een oneven getal.

113 - 6

I feel lazy to get up.
Ik voel me lui om op te staan.

113 - 7

It's always lively here.
Het is hier altijd levendig.

Day 113

Week 17

114 - 1

Where's the post office?
Waar is het postkantoor?

114 - 2

Do like your job?
Hou je van je werk?

114 - 3

Good morning.
Goedemorgen.

17/52

114 - 4

I wrote him a letter.
Ik heb hem een brief geschreven.

114 - 5

Let's talk calmly.
Laten we rustig praten.

114 - 6

Life in Spain is fun.
Het leven in Spanje is leuk.

114 - 7

He executed the plan.
Hij voerde het plan uit.

Day 114

Week 17

115 - 1

I have two brothers.
Ik heb twee broers.

115 - 2

You're special to me.
Je bent speciaal voor mij.

17/52

115 - 3

That's too expensive.
Dat is te duur.

115 - 4

Which is the sauce?
Welke is de saus?

115 - 5

How tall are you?
Hoe groot ben je?

115 - 6

The food smells good.
Het eten ruikt goed.

115 - 7

It's 6 A.M now.
Het is nu 6 uur 's morgens.

Day 115

Week 17

116 - 1

Mind your business.
Bemoei je met je eigen zaken.

116 - 2

Great, thanks.
Geweldig, bedankt.

116 - 3

What do you want?
Wat wil je?

17/52

116 - 4

What time is it?
Hoe laat is het?

116 - 5

I have college today.
Ik heb college vandaag.

116 - 6

I was moved to tears.
Ik was tot tranen toe geroerd.

116 - 7

What will you do?
Wat ga je doen?

Day 116

Week 17

117 - 1

Where is your house?
Waar staat je huis?

117 - 2

We met on the Internet.
We hebben elkaar ontmoet op het internet.

17/52

117 - 3

Please try this dish.
Probeer dit gerecht.

117 - 4

She left a message.
Ze liet een bericht achter.

117 - 5

He believes in God.
Hij gelooft in God.

117 - 6

I have a big dream.
Ik heb een grote droom.

117 - 7

She's a busy person.
Ze is een drukbezet persoon.

Day 117

Week 17

118 - 1

The water has boiled.
Het water heeft gekookt.

118 - 2

Your bag is light.
Je tas is licht.

118 - 3

Please give me a minute.
Geef me een minuutje.

17/52

118 - 4

He has weekdays off.
Hij heeft weekdagen vrij.

118 - 5

Can I open the windows?
Kan ik de ramen openen?

118 - 6

Are you ready for this?
Ben je hier klaar voor?

118 - 7

He looked at me.
Hij keek naar me.

Day 118

Test 17

119 - 1

I feel lazy to get up.

119 - 2

Let's talk calmly.

17/52

119 - 3

Which is the sauce?

119 - 4

What do you want?

119 - 5

We met on the Internet.

119 - 6

The water has boiled.

119 - 7

He looked at me.

Day 119

Week 18

120 - 1

He won the election.
Hij won de verkiezingen.

120 - 2

We drink tea every day.
We drinken elke dag thee.

120 - 3

Does he act well?
Gedraagt hij zich goed?

18/52

120 - 4

I can't help you.
Ik kan je niet helpen.

120 - 5

How have you been?
Hoe is het met je?

120 - 6

I have a backache.
Ik heb rugpijn.

120 - 7

Have you heard the news?
Heb je het nieuws gehoord?

Day 120

Week 18

121 - 1

Please keep quiet.
Zwijg alsjeblieft.

121 - 2

What street is this?
Welke straat is dit?

18/52

121 - 3

The sky's gray today.
De lucht is grijs vandaag.

121 - 4

Drink your coffee.
Drink je koffie op.

121 - 5

How much is it?
Hoeveel kost hij?

121 - 6

I like dogs.
Ik hou van honden.

121 - 7

Did you enjoy the meal?
Heeft u genoten van de maaltijd?

Day 121

Week 18

122 - 1

He suddenly disappeared.
Hij verdween plotseling.

122 - 2

I have office tomorrow.
Ik heb morgen kantoor.

122 - 3

My luggage is lost.
Mijn bagage is zoek.

18/52

122 - 4

Please stay as you are.
Blijf alstublieft zoals u bent.

122 - 5

I have a meeting today.
Ik heb een vergadering vandaag.

122 - 6

Remember the date.
Onthoud de datum.

122 - 7

Her skin is smooth.
Haar huid is glad.

Day 122

Week 18

123 - 1

I mended it.
Ik heb het gerepareerd.

123 - 2

Stop making excuses.
Stop met smoesjes verzinnen.

123 - 3

18/52

I bought a leather belt.
Ik heb een leren riem gekocht.

123 - 4

Open your books.
Open jullie boeken.

123 - 5

How is the weather like?
Hoe is het weer?

123 - 6

Is it true?
Is het waar?

123 - 7

No, not at all.
Nee, helemaal niet.

Day 123

Week 18

124 - 1

This dish is delicious.
Dit gerecht is heerlijk.

124 - 2

What's going on?
Wat is er aan de hand?

124 - 3

That's what I think too.
Dat is wat ik ook denk.

18/52

124 - 4

She talks a lot.
Ze praat veel.

124 - 5

Please open the door.
Open de deur, alsjeblieft.

124 - 6

He's a famous singer.
Hij is een beroemde zanger.

124 - 7

Glad to meet you.
Blij u te ontmoeten.

Day 124

Week 18

125 - 1

A new year has started.
Een nieuw jaar is begonnen.

125 - 2

I have my own doubts.
Ik heb mijn eigen twijfels.

125 - 3

18/52

He'll come after lunch.
Hij komt na de lunch.

125 - 4

She gripped my hand.
Ze pakte mijn hand vast.

125 - 5

I like this.
Ik vind dit leuk.

125 - 6

I don't understand why.
Ik begrijp niet waarom.

125 - 7

I can help you.
Ik kan je helpen.

Day 125

Test 18

126 - 1

I have a backache.

126 - 2

How much is it?

126 - 3

Please stay as you are.

18/52

126 - 4

I bought a leather belt.

126 - 5

What's going on?

126 - 6

A new year has started.

126 - 7

I can help you.

Day 126

Week 19

127 - 1

Can I try it on, please?
Mag ik hem passen, alstublieft?

127 - 2

That sounds nice.
Dat klinkt goed.

127 - 3

19/52

I met her in the town.
Ik ontmoette haar in de stad.

127 - 4

When did you call him?
Wanneer heb je hem gebeld?

127 - 5

Please boil some water.
Kook wat water, alsjeblieft.

127 - 6

I have a black bag.
Ik heb een zwarte tas.

127 - 7

I love cooking.
Ik hou van koken.

Day 127

Week 19

128 - 1

How is the new house?
Hoe is het nieuwe huis?

128 - 2

It is already 8.30.
Het is al 8.30.

128 - 3

I eat bread every day.
Ik eet elke dag brood.

19/52

128 - 4

His movements are quick.
Zijn bewegingen zijn snel.

128 - 5

What is this?
Wat is dit?

128 - 6

He's a rational person.
Hij is een rationeel persoon.

128 - 7

My shirt is ripped up.
Mijn hemd is gescheurd.

Day 128

Week 19

129 - 1

I have pain in my back.
Ik heb pijn in mijn rug.

129 - 2

I'm painting the wall.
Ik schilder de muur.

129 - 3

This soup is very hot.
Deze soep is erg heet.

19/52

129 - 4

Is he a teacher?
Is hij een leraar?

129 - 5

He has a good heart.
Hij heeft een goed hart.

129 - 6

Any questions?
Nog vragen?

129 - 7

Next, you.
Volgende, jij.

Day 129

Week 19

130 - 1

Where are my books?
Waar zijn mijn boeken?

130 - 2

Please check the tyres.
Controleer alsjeblieft de banden.

130 - 3

His business failed.
Zijn zaak is mislukt.

19/52

130 - 4

You're wrong.
Je hebt ongelijk.

130 - 5

Ice floats on water.
IJs drijft op water.

130 - 6

It's too short for me.
Het is te kort voor mij.

130 - 7

May I take your order?
Mag ik uw bestelling opnemen?

Day 130

Week 19

131 - 1

I hate to tell you but.
Ik zeg het je niet graag, maar...

131 - 2

Whom do you suspect?
Wie verdenk je?

131 - 3

19/52

Speak louder, please.
Spreek luider, alstublieft.

131 - 4

All the best, bye.
Het beste, tot ziens.

131 - 5

He's short.
Hij is kort.

131 - 6

This way please.
Deze kant op, alstublieft.

131 - 7

The sky is deep blue.
De lucht is diep blauw.

Day 131

LEARN DUTCH IN 52 WEEKS

LEARN DUTCH IN 52 WEEKS WITH 7 SENTENCES A DAY

Week 19

132 - 1

It's ten o'clock.
Het is tien uur.

132 - 2

He stood on stage.
Hij stond op het podium.

132 - 3

Solve the equation.
Los de vergelijking op.

19/52

132 - 4

She talks fast.
Ze praat snel.

132 - 5

Follow the signs.
Volg de borden.

132 - 6

Well done.
Goed gedaan.

132 - 7

Do you have a fever?
Heb je koorts?

Day 132

Test 19

133 - 1

I have a black bag.

133 - 2

What is this?

133 - 3

Is he a teacher?

19/52

133 - 4

His business failed.

133 - 5

Whom do you suspect?

133 - 6

It's ten o'clock.

133 - 7

Do you have a fever?

Day 133

Week 20

134 - 1

Help! Shark attack!
Help! Haaienaanval!

134 - 2

I am on a diet.
Ik ben op dieet.

134 - 3

It's very nice of you.
Het is erg aardig van je.

20/52

134 - 4

The house is big.
Het huis is groot.

134 - 5

Will you marry me?
Wil je met me trouwen?

134 - 6

Let's go slowly.
Laten we langzaam gaan.

134 - 7

Stop fighting.
Hou op met vechten.

Day 134

Week 20

135 - 1

I haven't decided yet.
Ik heb nog niets besloten.

135 - 2

What size do you wear?
Welke maat draag je?

135 - 3

That's too bad.
Jammer dan.

20/52

135 - 4

He is my neighbour.
Hij is mijn buurman.

135 - 5

I'm okay. Thank you.
Ik ben oké. Dank je.

135 - 6

She is my elder sister.
Ze is mijn oudere zus.

135 - 7

I have a toothache.
Ik heb kiespijn.

Day 135

Week 20

136 - 1

I'll check.
Ik zal eens kijken.

136 - 2

I waited two days.
Ik heb twee dagen gewacht.

136 - 3

The bath was lukewarm.
Het bad was lauw.

20/52

136 - 4

I'm hungry.
Ik heb honger.

136 - 5

How is he doing?
Hoe gaat het met hem?

136 - 6

No jumping.
Niet springen.

136 - 7

It does not fit my size.
Het past niet bij mijn maat.

Week 20

137 - 1

I'm very sorry.
Ik vind het heel erg.

137 - 2

Do you have a black pen?
Heb je een zwarte pen?

137 - 3

No, I don't have one.
Nee, ik heb er geen.

20/52

137 - 4

I am terrified.
Ik ben doodsbang.

137 - 5

Why should I care?
Wat kan mij dat schelen?

137 - 6

I work in a factory.
Ik werk in een fabriek.

137 - 7

Please check the oil.
Controleer de olie, alsjeblieft.

Day 137

Week 20

138 - 1

Meet me tomorrow.
Ontmoet me morgen.

138 - 2

Put on your slippers!
Doe je slippers aan!

138 - 3

A sprig of parsley.
Een takje peterselie.

20/52

138 - 4

I'm glad you like it.
Ik ben blij dat je het leuk vindt.

138 - 5

I'm against it.
Ik ben ertegen.

138 - 6

I'm afraid not.
Ik ben bang van niet.

138 - 7

I keep my books here.
Ik bewaar mijn boeken hier.

Day 138

Week 20

139 - 1

I don't agree.
Ik ben het er niet mee eens.

139 - 2

What day is it?
Welke dag is het?

139 - 3

Is the story true?
Is het verhaal waar?

20/52

139 - 4

I think you're right.
Ik denk dat je gelijk hebt.

139 - 5

No trespassing here.
Geen verboden terrein hier.

139 - 6

The skirt is too short.
De rok is te kort.

139 - 7

Please give me a hint.
Geef me een hint.

Day 139

Test 20

140 - 1

Let's go slowly.

140 - 2

I'm okay. Thank you.

140 - 3

I'm hungry.

20/52

140 - 4

No, I don't have one.

140 - 5

Put on your slippers!

140 - 6

I don't agree.

140 - 7

Please give me a hint.

Day 140

Week 21

141 - 1

I'm in a lot of pain.
Ik heb veel pijn.

141 - 2

Why are you asking me?
Waarom vraagt u mij dat?

141 - 3

Who called you?
Wie heeft je gebeld?

21/52

141 - 4

Can I borrow a pen?
Kan ik een pen lenen?

141 - 5

Your number please.
Uw nummer alstublieft.

141 - 6

Does he beat me?
Slaat hij me?

141 - 7

Here is your key.
Hier is uw sleutel.

Day 141

Week 21

142 - 1

I need car insurance.
Ik heb een autoverzekering nodig.

142 - 2

It's almost time.
Het is bijna tijd.

142 - 3

I uncorked the wine.
Ik heb de wijn ontkurkt.

142 - 4

The train is crowded.
De trein is overvol.

142 - 5

He is an unlikable man.
Hij is een onaangename man.

142 - 6

When is he expected?
Wanneer wordt hij verwacht?

142 - 7

My passport is missing.
Mijn paspoort is zoek.

Day 142

Week 21

143 - 1

I feel sad today.
Ik voel me triest vandaag.

143 - 2

Motivate yourself.
Motiveer jezelf.

143 - 3

I really appreciate it.
Ik waardeer het echt.

21/52

143 - 4

I like your haircut.
Ik vind je kapsel leuk.

143 - 5

What is your dress size?
Wat is uw kledingmaat?

143 - 6

There's a sample here.
Er is hier een monster.

143 - 7

Could I use your phone?
Mag ik uw telefoon gebruiken?

Day 143

Week 21

144 - 1

The floor is slippery.
De vloer is glad.

144 - 2

I am looking for a job.
Ik ben op zoek naar een baan.

144 - 3

See you at 8 P.M.
Tot ziens om 20.00 uur.

21/52

144 - 4

This box is heavy.
Deze doos is zwaar.

144 - 5

Just stay there.
Blijf gewoon daar.

144 - 6

Let's share more ideas.
Laten we meer ideeën uitwisselen.

144 - 7

I'll go.
Ik zal gaan.

Day 144

Week 21

145 - 1

Does she behold me?
Ziet zij mij?

145 - 2

A coffee please.
Een koffie alstublieft.

145 - 3

I have no change.
Ik heb geen wisselgeld.

21/52

145 - 4

No entry for buses.
Geen toegang voor bussen.

145 - 5

She's greedy.
Ze is hebberig.

145 - 6

Her face is pale.
Haar gezicht is bleek.

145 - 7

It is really disgusting.
Het is echt walgelijk.

Day 145

Week 21

146 - 1

I doubt it.
Ik betwijfel het.

146 - 2

That's a good idea.
Dat is een goed idee.

146 - 3

Keep yourself cool.
Hou je kalm.

21/52

146 - 4

I bought a new table.
Ik heb een nieuwe tafel gekocht.

146 - 5

She has lots of clothes.
Ze heeft veel kleren.

146 - 6

I am friendly person.
Ik ben een vriendelijk persoon.

146 - 7

He never keeps secrets.
Hij heeft nooit geheimen.

Day 146

Test 21

147 - 1

Does he beat me?

147 - 2

He is an unlikable man.

147 - 3

I like your haircut.

21/52

147 - 4

See you at 8 P.M.

147 - 5

A coffee please.

147 - 6

I doubt it.

147 - 7

He never keeps secrets.

Day 147

Week 22

148 - 1

It's too tight.
Het is te strak.

148 - 2

Look up.
Kijk omhoog.

148 - 3

I will call you later.
Ik zal je later bellen.

22/52

148 - 4

The train door opened.
De deur van de trein is opengegaan.

148 - 5

How deep is the pool?
Hoe diep is het zwembad?

148 - 6

Please come here.
Kom hier, alstublieft.

148 - 7

So what?
Nou en?

Day 148

Week 22

149 - 1

Are you good at tennis?
Ben je goed in tennis?

149 - 2

He is fine.
Hij is prima.

149 - 3

We entered the woods.
We zijn het bos ingegaan.

22/52

149 - 4

He came here.
Hij kwam hier.

149 - 5

Does the sun appear?
Verschijnt de zon?

149 - 6

I have my own business.
Ik heb mijn eigen bedrijf.

149 - 7

I didn't wake up early.
Ik werd niet vroeg wakker.

Day 149

Week 22

150 - 1

What do you recommend?
Wat raad je me aan?

150 - 2

We had a smooth landing.
We hadden een zachte landing.

150 - 3

It's sorching hoait.
Het is donker weer.

150 - 4

Do me a favor.
Doe me een plezier.

150 - 5

What date is today?
Welke datum is het vandaag?

150 - 6

What was your best trip?
Wat was je mooiste reis?

150 - 7

You may now go.
Je mag nu gaan.

Day 150

Week 22

151 - 1

Is he binding a book?
Is hij een boek aan het binden?

151 - 2

My shoulders are stiff.
Mijn schouders zijn stijf.

151 - 3

It's pouring down.
Het regent.

22/52

151 - 4

Wait for sometime.
Wacht eens even.

151 - 5

I really like you.
Ik vind jou echt leuk.

151 - 6

No passing.
Niet passeren.

151 - 7

Do not wash.
Niet wassen.

Day 151

Week 22

152 - 1

She helped a sick dog.
Ze heeft een zieke hond geholpen.

152 - 2

Is it good for me?
Is het goed voor mij?

152 - 3

Too bad.
Jammer dan.

22/52

152 - 4

Don't cry.
Niet huilen.

152 - 5

His room is very dirty.
Zijn kamer is erg vies.

152 - 6

It was nothing really.
Het was eigenlijk niets.

152 - 7

His grades went up.
Zijn cijfers zijn omhoog gegaan.

Day 152

Week 22

153 - 1

He's a nice guy.
Hij is een aardige vent.

153 - 2

How's your day going?
Hoe gaat je dag?

153 - 3

Don't you have change?
Heb je geen wisselgeld?

22/52

153 - 4

There's one problem.
Er is één probleem.

153 - 5

He's a great scholar.
Hij is een groot geleerde.

153 - 6

She said so.
Dat zei ze.

153 - 7

This is a real diamond.
Dit is een echte diamant.

Day 153

Test 22

154 - 1

Please come here.

154 - 2

Does the sun appear?

154 - 3

Do me a favor.

22/52

154 - 4

It's pouring down.

154 - 5

Is it good for me?

154 - 6

He's a nice guy.

154 - 7

This is a real diamond.

Day 154

Week 23

155 - 1

I like French food.
Ik hou van Frans eten.

155 - 2

I don't like to wait.
Ik hou niet van wachten.

155 - 3

A kilo of fish.
Een kilo vis.

23/52

155 - 4

My teeth are strong.
Mijn tanden zijn sterk.

155 - 5

My throat is a bit dry.
Mijn keel is een beetje droog.

155 - 6

I'm starving.
Ik ben uitgehongerd.

155 - 7

This pillow is too low.
Dit kussen is te laag.

Day 155

Week 23

156 - 1

He owes me one.
Hij is me iets schuldig.

156 - 2

I got drunk last night.
Ik ben dronken geworden vannacht.

156 - 3

I return home at 6.30.
Ik kom om 6.30 thuis.

23/52

156 - 4

Have a nice day!
Nog een prettige dag.

156 - 5

Alcohol is colorless.
Alcohol is kleurloos.

156 - 6

Time passes quickly.
De tijd gaat snel voorbij.

156 - 7

Hang on for a moment.
Wacht eens even.

Day 156

Week 23

157 - 1

Draw a big circle there.
Teken daar een grote cirkel.

157 - 2

I have no objection.
Ik heb geen bezwaar.

157 - 3

They speak French.
Ze spreken Frans.

23/52

157 - 4

The view is incredible.
Het uitzicht is ongelooflijk.

157 - 5

I sat in a window seat.
Ik zat in een stoel bij het raam.

157 - 6

He's surely a hero.
Hij is zeker een held.

157 - 7

He's a loser.
Hij is een loser.

Day 157

Week 23

158 - 1

Do you do alterations?
Doe je aanpassingen?

158 - 2

I don't mind it at all.
Ik vind het helemaal niet erg.

158 - 3

Sorry to say that.
Sorry dat ik dat moet zeggen.

23/52

158 - 4

Is it raining?
Regent het?

158 - 5

Show your solutions.
Laat je oplossingen zien.

158 - 6

Did anybody come?
Is er iemand gekomen?

158 - 7

What is wrong with you?
Wat is er mis met jou?

Day 158

Week 23

159 - 1

She has a car.
Ze heeft een auto.

159 - 2

He could not come today.
Hij kon vandaag niet komen.

159 - 3

He is my elder brother.
Hij is mijn oudere broer.

23/52

159 - 4

It's been a long time.
Het is al een hele tijd geleden.

159 - 5

I was the one to blame.
Ik was degene die de schuld kreeg.

159 - 6

Don't be afraid.
Wees niet bang.

159 - 7

I feel sleepy.
Ik voel me slaperig.

Day 159

Week 23

160 - 1

He always wears jeans.
Hij draagt altijd jeans.

160 - 2

Hold the line, please.
Blijf aan de lijn, alstublieft.

160 - 3

I just love summer.
Ik hou gewoon van de zomer.

160 - 4

23/52

Lock the door.
Doe de deur op slot.

160 - 5

The child woke up.
Het kind is wakker geworden.

160 - 6

I started a new job.
Ik ben aan een nieuwe baan begonnen.

160 - 7

My back itches.
Mijn rug jeukt.

Day 160

Test 23

161 - 1

I'm starving.

161 - 2

Alcohol is colorless.

161 - 3

The view is incredible.

23/52

161 - 4

Sorry to say that.

161 - 5

He could not come today.

161 - 6

He always wears jeans.

161 - 7

My back itches.

Day 161

Week 24

162 - 1

She reacted well.
Ze reageerde goed.

162 - 2

I am rather shy.
Ik ben nogal verlegen.

162 - 3

Can I leave my bag here?
Kan ik mijn tas hier laten?

162 - 4

24/52

I love animals.
Ik hou van dieren.

162 - 5

This dance is easy.
Deze dans is makkelijk.

162 - 6

Happy Birthday!
Gelukkige Verjaardag!

162 - 7

He's still young.
Hij is nog jong.

Day 162

Week 24

163 - 1

It's five to five.
Het is vijf voor vijf.

163 - 2

How is life?
Hoe is het leven?

163 - 3

I live with my friends.
Ik woon bij mijn vrienden.

24/52

163 - 4

Have you been abroad?
Ben je in het buitenland geweest?

163 - 5

That's awful.
Dat is vreselijk.

163 - 6

I am on a business trip.
Ik ben op zakenreis.

163 - 7

Take a deep breath.
Haal eens diep adem.

Day 163

Week 24

164 - 1

I saw the trailer.
Ik zag de trailer.

164 - 2

I'm in charge of sales.
Ik ben verantwoordelijk voor de verkoop.

164 - 3

It's hot outside.
Het is warm buiten.

164 - 4

24/52

She was very pleased.
Zij was zeer tevreden.

164 - 5

She's a fashion expert.
Ze is een mode expert.

164 - 6

I owe you a great deal.
Ik ben je heel wat verschuldigd.

164 - 7

What did you do?
Wat heb je gedaan?

Day 164

Week 24

Right of way changed.
Voorrang veranderd.

We are hungry.
We hebben honger.

That's wonderful.
Dat is prachtig.

 24/52

He said in a low voice.
Zei hij met een lage stem.

Coffee is on the house.
De koffie is van het huis.

These grapes are sour.
Deze druiven zijn zuur.

I have the flu.
Ik heb de griep.

Day 165

Week 24

166 - 1

I feel nauseous.
Ik voel me misselijk.

166 - 2

She hasn't noticed me.
Ze heeft me niet opgemerkt.

166 - 3

Practice first aid.
Oefen eerste hulp.

166 - 4

24/52

I got it.
Ik heb 'm.

166 - 5

It's a pleasant morning.
Het is een aangename ochtend.

166 - 6

He is a dentist.
Hij is een tandarts.

166 - 7

Boys, be ambitious.
Jongens, wees ambitieus.

Day 166

Week 24

167 - 1

It's clearly his fault.
Het is duidelijk zijn schuld.

167 - 2

Let me introduce myself.
Ik zal me even voorstellen.

167 - 3

You are beautiful.
Je bent mooi.

24/52

167 - 4

I have no time.
Ik heb geen tijd.

167 - 5

Please hold on.
Hou alsjeblieft vast.

167 - 6

And I am good at it.
En ik ben er goed in.

167 - 7

Where do you come from?
Waar kom je vandaan?

Day 167

Test 24

168 - 1

Happy Birthday!

168 - 2

That's awful.

168 - 3

She was very pleased.

168 - 4

That's wonderful.

24/52

168 - 5

She hasn't noticed me.

168 - 6

It's clearly his fault.

168 - 7

Where do you come from?

Day 168

Week 25

169 - 1

She is bleeding.
Ze bloedt.

169 - 2

This is my brother.
Dit is mijn broer.

169 - 3

Dry your hair well.
Droog je haar goed.

25/52

169 - 4

I am doing business.
Ik ben met zaken bezig.

169 - 5

Come again?
Kom je nog eens?

169 - 6

He's very expressive.
Hij is heel expressief.

169 - 7

The scenery is great.
Het landschap is geweldig.

Day 169

Week 25

170 - 1

Please forgive me.
Vergeef me alstublieft.

170 - 2

What turns you on?
Wat windt je op?

170 - 3

I have been mugged.
Ik ben overvallen.

170 - 4

He often watches movies.
Hij kijkt vaak films.

25/52

170 - 5

He has a clean image.
Hij heeft een schoon imago.

170 - 6

He became a doctor.
Hij is dokter geworden.

170 - 7

I don't agree with you.
Ik ben het niet met je eens.

Day 170

Week 25

171 - 1

Raise your hands.
Doe je handen omhoog.

171 - 2

Let's go to bed.
Laten we naar bed gaan.

171 - 3

She cried out for help.
Ze schreeuwde om hulp.

171 - 4

25/52

Describe yourself.
Beschrijf jezelf.

171 - 5

I feel powerful.
Ik voel me machtig.

171 - 6

Stop chattering.
Stop met kletsen.

171 - 7

Is there free Wi-Fi?
Is er gratis Wi-Fi?

Day 171

Week 25

172 - 1

Swallows are flying.
De zwaluwen vliegen.

172 - 2

Do you play any sports?
Doet u aan sport?

172 - 3

It's a good deal.
Het is een goede deal.

172 - 4

The diamond glittered.
De diamant glinsterde.

25/52

172 - 5

Maximum occupancy.
Maximale bezetting.

172 - 6

This ball bounces well.
Deze bal stuitert goed.

172 - 7

Don't do such a thing.
Doe zoiets niet.

Day 172

Week 25

173 - 1

Here's my ID.
Hier is mijn ID.

173 - 2

How are you doing?
Hoe gaat het met je?

173 - 3

I love you.
Ik hou van je.

173 - 4

25/52

Look before you leap.
Kijk voordat je springt.

173 - 5

It was nobody's fault.
Het was niemands schuld.

173 - 6

His fingers are big.
Zijn vingers zijn groot.

173 - 7

He's still single.
Hij is nog vrijgezel.

Day 173

Week 25

174 - 1

It looks delicious.
Het ziet er heerlijk uit.

174 - 2

Where are the shops?
Waar zijn de winkels?

174 - 3

Do you sell swimsuits?
Verkoop je badpakken?

174 - 4

How do you do?
Hoe gaat het met jou?

25/52

174 - 5

What time is checkout?
Hoe laat is het uitchecken?

174 - 6

My pleasure.
Graag gedaan.

174 - 7

Very Good!
Heel goed!

Day 174

Test 25

175 - 1

He's very expressive.

175 - 2

He has a clean image.

175 - 3

Describe yourself.

175 - 4

It's a good deal.

25/52

175 - 5

How are you doing?

175 - 6

It looks delicious.

175 - 7

Very Good!

Day 175

Week 26

176 - 1

What do you do?
Wat doe je?

176 - 2

He's greedy for money.
Hij is hebberig naar geld.

176 - 3

Do you have a match?
Heb je een lucifer?

176 - 4

You look very handsome.
Je ziet er erg knap uit.

26/52

176 - 5

A leaf fluttered down.
Een blaadje dwarrelde naar beneden.

176 - 6

We can't do it here.
We kunnen het hier niet doen.

176 - 7

Is the seat vacant?
Is de stoel vrij?

Day 176

Week 26

177 - 1

Whose mistake is it?
Wiens fout is het?

177 - 2

Wonderful, thank you.
Prachtig, dank u.

177 - 3

I am a computer analyst.
Ik ben een computeranalist.

177 - 4

26/52

His face was all red.
Zijn gezicht was helemaal rood.

177 - 5

It's warm.
Het is warm.

177 - 6

I'm positive.
Ik ben positief.

177 - 7

Who is not here today?
Wie is er vandaag niet?

Day 177

Week 26

178 - 1

I work as a Professor.
Ik werk als professor.

178 - 2

She uses a wheelchair.
Ze gebruikt een rolstoel.

178 - 3

I was shocked to hear.
Ik was geschokt toen ik het hoorde.

178 - 4

Please take notes.
Maak aantekeningen.

26/52

178 - 5

Good luck to you.
Veel geluk voor jou.

178 - 6

Absolutely not.
Absoluut niet.

178 - 7

It's been too long.
Het is te lang geleden.

Day 178

Week 26

179 - 1

Please bring the chair.
Breng de stoel.

179 - 2

Did you return the book?
Heb je het boek teruggebracht?

179 - 3

I'm on holiday.
Ik ben op vakantie.

179 - 4

26/52

My head aches.
Ik heb hoofdpijn.

179 - 5

He is on the other line.
Hij staat op de andere lijn.

179 - 6

He has feelings for her.
Hij heeft gevoelens voor haar.

179 - 7

It's too long.
Het duurt te lang.

Day 179

Week 26

180 - 1

This is a shortcut.
Dit is een kortere weg.

180 - 2

There's a bomb!
Daar is een bom.

180 - 3

Please stop joking.
Stop met grapjes maken.

180 - 4

I dried the wet clothes.
Ik heb de natte kleren gedroogd.

26/52

180 - 5

He's incapable.
Hij is incapabel.

180 - 6

Is this on sale?
Is dit in de aanbieding?

180 - 7

I caught a cold.
Ik heb een verkoudheid opgelopen.

Day 180

Week 26

181 - 1

How about water?
Wat dacht je van water?

181 - 2

Best wishes.
De beste wensen.

181 - 3

I love my family.
Ik hou van mijn familie.

181 - 4

26/52

He denied the rumor.
Hij ontkende het gerucht.

181 - 5

Nice to meet you.
Leuk u te ontmoeten.

181 - 6

My boss is very strict.
Mijn baas is erg streng.

181 - 7

I prefer rice to bread.
Ik heb liever rijst dan brood.

Day 181

Test 26

182 - 1

We can't do it here.

182 - 2

It's warm.

182 - 3

Please take notes.

182 - 4

I'm on holiday.

26/52

182 - 5

There's a bomb!

182 - 6

How about water?

182 - 7

I prefer rice to bread.

Day 182

Week 27

183 - 1

Do not cross.
Niet oversteken.

183 - 2

He is not available.
Hij is niet beschikbaar.

183 - 3

Take them with you.
Neem ze mee.

183 - 4

27/52

It's your fault.
Het is jouw schuld.

183 - 5

Let's meet again.
Laten we elkaar weer ontmoeten.

183 - 6

I have a student visa.
Ik heb een studentenvisum.

183 - 7

Sincerely thanks.
Oprecht bedankt.

Day 183

Week 27

184 - 1

Forget it.
Vergeet het maar.

184 - 2

Everyone makes mistakes.
Iedereen maakt fouten.

184 - 3

I need some medicine.
Ik heb medicijnen nodig.

184 - 4

Actually, I like her.
Eigenlijk, mag ik haar wel.

27/52

184 - 5

I told him everything.
Ik heb hem alles verteld.

184 - 6

Do you know his name?
Weet je hoe hij heet?

184 - 7

Why did you beat him?
Waarom heb je hem geslagen?

Day 184

Week 27

185 - 1

I have mouth sores.
Ik heb mondzweertjes.

185 - 2

Where is the hospital?
Waar is het ziekenhuis?

185 - 3

No thanks, I'll pass.
Nee bedankt, ik pas.

185 - 4

It's yummy.
Het is lekker.

27/52

185 - 5

May I borrow your book?
Mag ik je boek lenen?

185 - 6

The earth is round.
De aarde is rond.

185 - 7

What sizes do you have?
Welke maten heb je?

Day 185

Week 27

186 - 1

My wife is from London.
Mijn vrouw komt uit Londen.

186 - 2

Did it rain there?
Heeft het daar geregend?

186 - 3

His driving is awful.
Zijn rijgedrag is vreselijk.

186 - 4

Gentle wet cleaning.
Zachtjes nat schoonmaken.

27/52

186 - 5

Good afternoon, Mrs.
Goedemiddag, mevrouw.

186 - 6

I believe you.
Ik geloof je.

186 - 7

I ate a slice of cheese.
Ik at een plakje kaas.

Day 186

Week 27

187 - 1

It's hot.
Het is heet.

187 - 2

I beg your pardon.
Neemt u me niet kwalijk.

187 - 3

He plays the guitar.
Hij speelt gitaar.

187 - 4

Ok, I'll take this one.
Oké, ik neem deze.

27/52

187 - 5

Many thanks.
Hartelijk dank.

187 - 6

When is she coming?
Wanneer komt ze?

187 - 7

She's studying drama.
Ze studeert drama.

Day 187

Week 27

188 - 1

I'll be back.
Ik kom terug.

188 - 2

How are your grades?
Hoe zijn je cijfers?

188 - 3

What is your name?
Wat is je naam?

188 - 4

I'll give you this book.
Ik zal je dit boek geven.

27/52

188 - 5

Could I speak to John?
Kan ik met John spreken?

188 - 6

This pencil is sharp.
Dit potlood is scherp.

188 - 7

I took on a new job.
Ik heb een nieuwe baan aangenomen.

Day 188

Test 27

189 - 1

I have a student visa.

189 - 2

I told him everything.

189 - 3

It's yummy.

189 - 4

His driving is awful.

27/52

189 - 5

I beg your pardon.

189 - 6

I'll be back.

189 - 7

I took on a new job.

Day 189

Week 28

190 - 1

I do not feel well.
Ik voel me niet goed.

190 - 2

She can speak Italian.
Ze kan Italiaans spreken.

190 - 3

I'm from Roma.
Ik kom uit Roma.

190 - 4

A slice of pizza.
Een stuk pizza.

28/52

190 - 5

He came on Wednesday.
Hij kwam woensdag.

190 - 6

Would you mind?
Zou je het erg vinden?

190 - 7

Take this road.
Neem deze weg.

Day 190

Week 28

191 - 1

I got a full massage.
Ik heb een volledige massage gehad.

191 - 2

Let's meet this evening.
Laten we vanavond afspreken.

191 - 3

There's no other way.
Er is geen andere weg.

191 - 4

Was I appointed?
Ben ik aangesteld?

28/52

191 - 5

I really enjoyed it.
Ik heb er echt van genoten.

191 - 6

I watered the plant.
Ik heb de plant water gegeven.

191 - 7

He broke his promise.
Hij heeft z'n belofte gebroken.

Day 191

Week 28

192 - 1

Do you hate him?
Haat je hem?

192 - 2

He's an actor.
Hij is een acteur.

192 - 3

Stop talking, please.
Stop met praten, alsjeblieft.

192 - 4

Is he paying the fee?
Betaalt hij het honorarium?

28/52

192 - 5

What a nice apartment.
Wat een mooi appartement.

192 - 6

What do you suggest?
Wat stel je voor?

192 - 7

My husband is out now.
Mijn man is nu weg.

Day 192

Week 28

193 - 1

She's very honest.
Ze is heel eerlijk.

193 - 2

I know how it feels.
Ik weet hoe het voelt.

193 - 3

Will you meet me?
Ontmoet je me?

193 - 4

Have a drink.
Neem een drankje.

28/52

193 - 5

My specialty is law.
Mijn specialiteit is rechten.

193 - 6

The snow has piled up.
De sneeuw heeft zich opgestapeld.

193 - 7

Can you hear me OK?
Kan je me OK horen?

Day 193

Week 28

194 - 1

No one knows that story.
Niemand kent dat verhaal.

194 - 2

I feel a little sad.
Ik voel me een beetje triest.

194 - 3

He's a wonderful man.
Hij is een geweldige man.

194 - 4

Our team lost the game.
Ons team heeft de wedstrijd verloren.

28/52

194 - 5

I am out for lunch.
Ik ben uit lunchen.

194 - 6

I belong to Chicago.
Ik hoor bij Chicago.

194 - 7

He came by car.
Hij kwam met de auto.

Day 194

Week 28

195 - 1

I'm truly sorry.
Het spijt me echt.

195 - 2

The sun is glaring.
De zon schijnt.

195 - 3

I think so, too.
Dat denk ik ook.

195 - 4

I'm lost.
Ik ben verdwaald.

28/52

195 - 5

I go to bed at 10.30.
Ik ga om 10.30 uur naar bed.

195 - 6

It's not true.
Het is niet waar.

195 - 7

Does the boy arise?
Staat de jongen op?

Day 195

Test 28

196 - 1

Would you mind?

196 - 2

I really enjoyed it.

196 - 3

Is he paying the fee?

196 - 4

Will you meet me?

28/52

196 - 5

I feel a little sad.

196 - 6

I'm truly sorry.

196 - 7

Does the boy arise?

Day 196

Week 29

197 - 1

Did you type the letter?
Heb je de brief getypt?

197 - 2

He fulfilled my needs.
Hij vervulde mijn behoeften.

197 - 3

The ship is sinking.
Het schip zinkt.

197 - 4

He's very intelligent.
Hij is erg intelligent.

29/52

197 - 5

This is very important.
Dit is heel belangrijk.

197 - 6

Can you forgive me?
Kun je me vergeven?

197 - 7

He has big arms.
Hij heeft grote armen.

Day 197

Week 29

198 - 1

This orange is sour.
Deze sinaasappel is zuur.

198 - 2

She rarely gets angry.
Ze wordt zelden boos.

198 - 3

Good morning, teacher.
Goedemorgen, juf.

198 - 4

Enjoy your stay!
Geniet van uw verblijf!

29/52

198 - 5

Thank you.
Dank je.

198 - 6

Who's next?
Wie is de volgende?

198 - 7

That movie was boring.
Die film was saai.

Day 198

Week 29

199 - 1

How is your brother?
Hoe is het met je broer?

199 - 2

Is she reading a novel?
Leest zij een roman?

199 - 3

How does it work?
Hoe gaat het?

199 - 4

He combed his hair.
Hij kamde zijn haar.

29/52

199 - 5

How was your flight?
Hoe was je vlucht?

199 - 6

Do not lose your ticket.
Verlies uw ticket niet.

199 - 7

Is John in?
Is John thuis?

Day 199

Week 29

200 - 1

I'm finished.
Ik ben klaar.

200 - 2

He didn't work hard.
Hij heeft niet hard gewerkt.

200 - 3

I was glad to meet him.
Ik was blij hem te ontmoeten.

200 - 4

What's your view?
Wat is jouw mening?

29/52

200 - 5

He hates evil.
Hij haat het kwaad.

200 - 6

He's wearing glasses.
Hij draagt een bril.

200 - 7

Could you repeat?
Kunt u het herhalen?

Day 200

Week 29

She has thick eyebrows.
Ze heeft dikke wenkbrauwen.

201 - 2

I'm angry about.
Ik ben boos over.

201 - 3

I received a threat.
Ik heb een bedreiging ontvangen.

201 - 4

Where is the bus stop?
Waar is de bushalte?

29/52

201 - 5

I hope they will win.
Ik hoop dat ze winnen.

201 - 6

Put on your shirt.
Doe je shirt aan.

201 - 7

I chilled beer.
Ik heb bier gekoeld.

Day 201

Week 29

202 - 1

He is smart.
Hij is slim.

202 - 2

Why did he come?
Waarom is hij gekomen?

202 - 3

We're classmates.
We zijn klasgenoten.

202 - 4

I missed the bus.
Ik heb de bus gemist.

29/52

202 - 5

Is he breathing?
Ademt hij?

202 - 6

Did you have breakfast?
Heeft u ontbeten?

202 - 7

I sold old books.
Ik heb oude boeken verkocht.

Day 202

Test 29

203 - 1

Can you forgive me?

203 - 2

Thank you.

203 - 3

He combed his hair.

203 - 4

I was glad to meet him.

29/52

203 - 5

I'm angry about.

203 - 6

He is smart.

203 - 7

I sold old books.

Day 203

Week 30

204 - 1

I am living in London.
Ik woon in Londen.

204 - 2

He gulped down water.
Hij slokte water op.

204 - 3

I was locked up.
Ik was opgesloten.

204 - 4

Are you Ok?
Ben je in orde?

30/52

204 - 5

He is rich but stingy.
Hij is rijk maar gierig.

204 - 6

He's courageous.
Hij is moedig.

204 - 7

Bye. Take care.
Tot ziens. Hou je goed.

Day 204

Week 30

205 - 1

I loathe ironing.
Ik heb een hekel aan strijken.

205 - 2

Please call this number.
Bel dit nummer, alstublieft.

205 - 3

He's growing a beard.
Hij laat een baard groeien.

205 - 4

This is a great chance.
Dit is een grote kans.

30/52

205 - 5

I found a new job.
Ik heb een nieuwe baan gevonden.

205 - 6

How is the movie?
Hoe is de film?

205 - 7

It's Monday again.
Het is weer maandag.

Day 205

Week 30

206 - 1

How will you manage?
Hoe ga je het redden?

206 - 2

How old is he?
Hoe oud is hij?

206 - 3

I am always positive.
Ik ben altijd positief.

206 - 4

This bra is too small.
Deze beha is te klein.

30/52

206 - 5

It is such a lovely day.
Het is zo'n mooie dag.

206 - 6

Excellent.
Uitstekend.

206 - 7

I prefer reading books.
Ik lees liever boeken.

Day 206

Week 30

207 - 1

I can't get out.
Ik kan er niet uit.

207 - 2

He fired the servant.
Hij ontsloeg de bediende.

207 - 3

I'll take them all.
Ik neem ze allemaal.

207 - 4

I am bold.
Ik ben vet.

30/52

207 - 5

Sure, go ahead.
Tuurlijk, ga je gang.

207 - 6

How did he come?
Hoe is hij gekomen?

207 - 7

This is a secret.
Dit is een geheim.

Day 207

Week 30

208 - 1

He likes spicy food.
Hij houdt van pittig eten.

208 - 2

Her fingers are thin.
Haar vingers zijn dun.

208 - 3

She has two children.
Ze heeft twee kinderen.

208 - 4

Where's the grocer's?
Waar is de kruidenier?

30/52

208 - 5

Are you not well?
Voel je je niet goed?

208 - 6

This work is hard.
Dit werk is zwaar.

208 - 7

He is ten years old.
Hij is tien jaar oud.

Day 208

Week 30

209 - 1

Sure. Just a moment.
Natuurlijk. Een momentje.

209 - 2

A bird is flying.
Er vliegt een vogel.

209 - 3

I feel guilty.
Ik voel me schuldig.

209 - 4

I broke my arm.
Ik heb mijn arm gebroken.

30/52

209 - 5

I will never forget you.
Ik zal je nooit vergeten.

209 - 6

The line is busy.
De lijn is bezet.

209 - 7

What time do you open?
Hoe laat ga je open?

Day 209

Test 30

210 - 1

He's courageous.

210 - 2

I found a new job.

210 - 3

This bra is too small.

210 - 4

I'll take them all.

30/52

210 - 5

Her fingers are thin.

210 - 6

Sure. Just a moment.

210 - 7

What time do you open?

Day 210

Week 31

211 - 1

The baby is smiling.
De baby lacht.

211 - 2

It's nice out today.
Het is mooi weer vandaag.

211 - 3

I hate cigarettes.
Ik haat sigaretten.

211 - 4

Many happy returns.
Nog vele jaren.

31/52

211 - 5

I can't afford it.
Ik kan het me niet veroorloven.

211 - 6

He felt miserable.
Hij voelde zich ellendig.

211 - 7

Keep the change.
Hou het wisselgeld maar.

Day 211

Week 31

212 - 1

Is this book good?
Is dit boek goed?

212 - 2

I am very strict.
Ik ben erg streng.

212 - 3

Make a withdrawal.
Trek je terug.

212 - 4

Which one do you want?
Welke wil je?

31/52

212 - 5

I need to get a job.
Ik moet een baan vinden.

212 - 6

I am from Paris.
Ik kom uit Parijs.

212 - 7

Do you have a sister?
Heb je een zus?

Day 212

Week 31

213 - 1

I need more exercise.
Ik heb meer beweging nodig.

213 - 2

Have a safe trip back.
Een veilige terugreis.

213 - 3

I feel sick today.
Ik voel me ziek vandaag.

213 - 4

How can I get there?
Hoe kom ik daar?

31/52

213 - 5

That girl is trendy.
Dat meisje is trendy.

213 - 6

When did he come?
Wanneer is hij gekomen?

213 - 7

I am a housewife.
Ik ben huisvrouw.

Day 213

Week 31

214 - 1

Monitor your weight.
Hou je gewicht in de gaten.

214 - 2

The time now is 6:35.
Het is nu 6:35.

214 - 3

What a beautiful sunset!
Wat een prachtige zonsondergang!

214 - 4

That was close.
Dat was op het nippertje.

214 - 5

31/52

She saved a sick dog.
Ze redde een zieke hond.

214 - 6

How tall is that tower?
Hoe hoog is die toren?

214 - 7

No, you cannot.
Nee, dat kunt u niet.

Day 214

Week 31

215 - 1

I changed the sheets.
Ik heb de lakens verschoond.

215 - 2

Are you afraid of them?
Ben je bang voor ze?

215 - 3

Whatever you want.
Wat je maar wilt.

215 - 4

How is your husband?
Hoe is het met je man?

215 - 5

Who is he?
Wie is hij?

215 - 6

This cake is yummy.
Deze taart is lekker.

215 - 7

I love lobsters.
Ik hou van kreeften.

Day 215

Week 31

216 - 1

She is my grandmother.
Zij is mijn grootmoeder.

216 - 2

I don't have some cash.
Ik heb geen geld.

216 - 3

He teaches mathematics.
Hij doceert wiskunde.

216 - 4

That's not always true.
Dat is niet altijd waar.

216 - 5

Are you with me?
Ben je met mij?

31/52

216 - 6

She's good at makeup.
Ze is goed in make-up.

216 - 7

How is your mother?
Hoe is het met je moeder?

Day 216

Test 31

217 - 1

He felt miserable.

217 - 2

I need to get a job.

217 - 3

How can I get there?

217 - 4

What a beautiful sunset!

31/52

217 - 5

Are you afraid of them?

217 - 6

She is my grandmother.

217 - 7

How is your mother?

Day 217

Week 32

218 - 1

Is everything alright?
Is alles in orde?

218 - 2

This match is a draw.
Deze wedstrijd is gelijkspel.

218 - 3

Follow this road.
Volg deze weg.

218 - 4

Nice of you to make it.
Aardig van je om het te maken.

218 - 5

32/52

We sang loudly.
We zongen luid.

218 - 6

My palms are sweaty.
Mijn handpalmen zweten.

218 - 7

It's sunny.
Het is zonnig.

Day 218

Week 32

219 - 1

Are you tired?
Ben je moe?

219 - 2

It is very cold.
Het is erg koud.

219 - 3

My head is spinning.
Mijn hoofd tolt.

219 - 4

He's a nasty man.
Hij is een nare man.

32/52

219 - 5

The meeting is closed.
De vergadering is gesloten.

219 - 6

Can I see the menu?
Mag ik het menu zien?

219 - 7

He tested the software.
Hij testte de software.

Day 219

Week 32

220 - 1

That's so kind of you.
Dat is zo aardig van je.

220 - 2

My mother was crying.
Mijn moeder huilde.

220 - 3

Let's check your papers.
Laten we uw papieren controleren.

220 - 4

We drank premium wine.
We dronken eersteklas wijn.

220 - 5

Good luck.
Veel geluk.

32/52

220 - 6

Whose parcel is this?
Van wie is dit pakje?

220 - 7

My mother's a nurse.
Mijn moeder is verpleegster.

Day 220

Week 32

221 - 1

Is she writing a letter?
Schrijft ze een brief?

221 - 2

It is a heart attack.
Het is een hartaanval.

221 - 3

He has long legs.
Hij heeft lange benen.

221 - 4

Everybody is fine.
Iedereen is in orde.

221 - 5

32/52

Show me our sales.
Laat me onze verkoop zien.

221 - 6

I sat down on the bench.
Ik ben op de bank gaan zitten.

221 - 7

You can try it.
U kunt het proberen.

Day 221

Week 32

222 - 1

I did it because of you.
Ik deed het omwille van jou.

222 - 2

Read the paragraph.
Lees de paragraaf.

222 - 3

How long will you stay?
Hoe lang blijf je?

222 - 4

I'll pay in cash.
Ik betaal contant.

222 - 5

You need to swipe it.
Je moet het vegen.

32/52

222 - 6

Don't talk to me.
Praat niet tegen me.

222 - 7

The sweater has shrunk.
De trui is gekrompen.

Day 222

Week 32

223 - 1

I'm glad to see you.
Ik ben blij je te zien.

223 - 2

It was pouring today.
Het regende vandaag.

223 - 3

How is it?
Hoe is het?

223 - 4

He joined our team.
Hij is lid van ons team.

32/52

223 - 5

Today is my birthday.
Vandaag is mijn verjaardag.

223 - 6

I like this show.
Ik hou van deze show.

223 - 7

See you.
Ik zie je nog wel.

Day 223

Test 32

224 - 1

My palms are sweaty.

224 - 2

The meeting is closed.

224 - 3

We drank premium wine.

224 - 4

He has long legs.

224 - 5

Read the paragraph.

 32/52

224 - 6

I'm glad to see you.

224 - 7

See you.

Day 224

Week 33

225 - 1

We played a video game.
We hebben een videospel gespeeld.

225 - 2

Goodbye.
Tot ziens.

225 - 3

Let's share duties.
Laten we de taken verdelen.

225 - 4

We all saw him off.
We zagen hem allemaal af.

225 - 5

33/52

A tube of toothpaste.
Een tube tandpasta.

225 - 6

I just love to travel.
Ik hou gewoon van reizen.

225 - 7

My son is left-handed.
Mijn zoon is linkshandig.

Day 225

Week 33

226 - 1

Don't quarrel with him.
Maak geen ruzie met hem.

226 - 2

The movie opens today.
De film gaat vandaag open.

226 - 3

It's my duty to do it.
Het is mijn plicht om het te doen.

226 - 4

He should exercise more.
Hij zou meer moeten bewegen.

226 - 5

Just a minute please.
Een minuutje alstublieft.

33/52

226 - 6

How is your father?
Hoe is het met je vader?

226 - 7

I am John.
Ik ben John.

Day 226

Week 33

227 - 1

What is your dream job?
Wat is je droombaan?

227 - 2

I ate heartily.
Ik heb hartig gegeten.

227 - 3

Now I've got to go.
Nu moet ik gaan.

227 - 4

My trousers got dirty.
Mijn broek is vuil geworden.

227 - 5

33/52

This is for you.
Dit is voor jou.

227 - 6

He's off-guard.
Hij is niet op zijn hoede.

227 - 7

What should I do?
Wat moet ik doen?

Day 227

Week 33

228 - 1

My feel hurt.
Mijn gevoel doet pijn.

228 - 2

This is my boss.
Dit is mijn baas.

228 - 3

His car is new.
Zijn auto is nieuw.

228 - 4

I will call for help.
Ik zal om hulp bellen.

228 - 5

He's a very kind person.
Hij is een heel aardig mens.

33/52

228 - 6

He is a radiographer.
Hij is een radiograaf.

228 - 7

No big thing.
Niets ergs.

Day 228

Week 33

229 - 1

This is my sister.
Dit is mijn zus.

229 - 2

My aunt lives in Madrid.
Mijn tante woont in Madrid.

229 - 3

What did he ask you?
Wat heeft hij je gevraagd?

229 - 4

Do some yoga.
Doe wat yoga.

229 - 5

33/52

I excel in this field.
Ik blink uit op dit gebied.

229 - 6

I don't need a bag.
Ik heb geen tas nodig.

229 - 7

Let it go.
Laat het gaan.

Day 229

Week 33

230 - 1

The house is roomy.
Het huis is ruim.

230 - 2

He hit on a good idea.
Hij kwam op een goed idee.

230 - 3

Your name please?
Uw naam alstublieft?

230 - 4

Why is the train late?
Waarom is de trein te laat?

230 - 5

I'm scared of snakes.
Ik ben bang voor slangen.

33/52

230 - 6

Does he complain?
Klaagt hij?

230 - 7

I got sand in my shoes.
Ik heb zand in mijn schoenen.

Day 230

Test 33

231 - 1

I just love to travel.

231 - 2

Just a minute please.

231 - 3

My trousers got dirty.

231 - 4

His car is new.

231 - 5

33/52

My aunt lives in Madrid.

231 - 6

The house is roomy.

231 - 7

I got sand in my shoes.

Day 231

Week 34

232 - 1

It's a fair way away.
Het is een heel eind weg.

232 - 2

Are they your relatives?
Zijn dat je familieleden?

232 - 3

Who am I talking to?
Met wie ben ik aan het praten?

232 - 4

I feel dizzy.
Ik voel me duizelig.

232 - 5

Reduce the volume.
Verminder het volume.

34/52

232 - 6

He rides a motorcycle.
Hij rijdt op een motorfiets.

232 - 7

She has fat legs.
Ze heeft dikke benen.

Day 232

Week 34

233 - 1

Where are you now?
Waar ben je nu?

233 - 2

I want to gain weight.
Ik wil aankomen.

233 - 3

Are you on time?
Ben je op tijd?

233 - 4

He clenched his fists.
Hij balde zijn vuisten.

233 - 5

That was a great match!
Dat was een geweldige wedstrijd!

34/52

233 - 6

He majors in physics.
Hij studeert natuurkunde.

233 - 7

Don't act recklessly.
Doe niet roekeloos.

Week 34

234 - 1

Are you on Facebook?
Zit je op Facebook?

234 - 2

I love my job.
Ik hou van mijn job.

234 - 3

He works at an embassy.
Hij werkt op een ambassade.

234 - 4

I moved last year.
Ik ben vorig jaar verhuisd.

234 - 5

How many hours drive?
Hoeveel uur rijden?

34/52

234 - 6

Anything else?
Verder nog iets?

234 - 7

Is he your relative?
Is hij familie van je?

Day 234

Week 34

I've got a sore throat.
Ik heb een zere keel.

235 - 2

I am sorry to hear that.
Het spijt me dat te horen.

235 - 3

Do you work on Sundays?
Werk je op zondag?

235 - 4

I don't understand.
Ik begrijp het niet.

235 - 5

I didn't order that.
Dat heb ik niet besteld.

34/52

235 - 6

I like wine.
Ik hou van wijn.

235 - 7

Read them aloud.
Lees ze hardop.

Week 34

236 - 1

How are you feeling?
Hoe voel je je?

236 - 2

Certainly.
Zeker.

236 - 3

She loves festivals.
Ze houdt van festivals.

236 - 4

Please hold the door.
Hou de deur open.

236 - 5

I ordered a hamburger.
Ik heb een hamburger besteld.

34/52

236 - 6

Your table is ready.
Uw tafel is klaar.

236 - 7

I injured my thumb.
Ik heb mijn duim bezeerd.

Day 236

Week 34

237 - 1

She's a gorgeous woman.
Ze is een prachtige vrouw.

237 - 2

I have a bad cold.
Ik heb een zware verkoudheid.

237 - 3

I like thin pillows.
Ik hou van dunne kussens.

237 - 4

Safety comes first.
Veiligheid gaat voor alles.

237 - 5

Do not lean.
Niet leunen.

34/52

237 - 6

A pinch of salt.
Een snufje zout.

237 - 7

I hate carrots.
Ik haat wortels.

Day 237

Test 34

238 - 1

He rides a motorcycle.

238 - 2

That was a great match!

238 - 3

I moved last year.

238 - 4

Do you work on Sundays?

238 - 5

Certainly.

34/52

238 - 6

She's a gorgeous woman.

238 - 7

I hate carrots.

Day 238

Week 35

239 - 1

This meat is greasy.
Dit vlees is vettig.

239 - 2

I hate ironing.
Ik haat strijken.

239 - 3

Is that seat available?
Is die stoel vrij?

239 - 4

I need home insurance.
Ik heb een opstalverzekering nodig.

239 - 5

Nobody can replace him.
Niemand kan hem vervangen.

35/52

239 - 6

I am fine and you?
Ik ben in orde. En jij?

239 - 7

The weather is hot.
Het weer is heet.

Day 239

Week 35

240 - 1

My grandfather is well.
Mijn grootvader maakt het goed.

240 - 2

He is a Business Man.
Hij is een zakenman.

240 - 3

What's up?
Wat is er aan de hand?

240 - 4

Let's order first.
Laten we eerst bestellen.

240 - 5

It doesn't matter to me.
Het maakt me niet uit.

 35/52

240 - 6

That's fine.
Dat is prima.

240 - 7

I apologize for.
Ik verontschuldig me voor.

Day 240

Week 35

241 - 1

Ask him directly.
Vraag het hem direct.

241 - 2

She is my wife.
Ze is mijn vrouw.

241 - 3

Poor you.
Arme jij.

241 - 4

You are all set.
U bent helemaal klaar.

241 - 5

She refused to attend.
Ze weigerde aanwezig te zijn.

35/52

241 - 6

Julia is my sister.
Julia is mijn zus.

241 - 7

Everyone has flaws.
Iedereen heeft gebreken.

Week 35

242 - 1

Before you think, try.
Voordat je denkt, probeer het.

242 - 2

He doesn't smoke.
Hij rookt niet.

242 - 3

She's very pretty.
Ze is erg mooi.

242 - 4

Thanks.
Bedankt.

242 - 5

No stopping.
Niet stoppen.

35/52

242 - 6

Can you show me how to?
Kunt u me laten zien hoe dat moet?

242 - 7

How's your day?
Hoe is je dag?

Day 242

Week 35

243 - 1

He is badly injured.
Hij is zwaar gewond.

243 - 2

The engine won't start.
De motor wil niet starten.

243 - 3

Please be seated.
Gaat u zitten, alstublieft.

243 - 4

I feel feverish.
Ik voel me koortsig.

243 - 5

I'm lending him a book.
Ik leen hem een boek.

35/52

243 - 6

Are you awake?
Ben je wakker?

243 - 7

Go ahead.
Ga je gang.

Day 243

Week 35

244 - 1

Dry flat in shade.
Droog plat in de schaduw.

244 - 2

Wake him up.
Maak hem wakker.

244 - 3

What's happening?
Wat is er aan de hand?

244 - 4

I hate tests.
Ik haat testen.

244 - 5

It's raining.
Het regent.

35/52

244 - 6

I'm not good at math.
Ik ben niet goed in wiskunde.

244 - 7

She writes left-handed.
Ze schrijft linkshandig.

Day 244

Test 35

245 - 1

I am fine and you?

245 - 2

It doesn't matter to me.

245 - 3

You are all set.

245 - 4

She's very pretty.

245 - 5

The engine won't start.

35/52

245 - 6

Dry flat in shade.

245 - 7

She writes left-handed.

Day 245

Week 36

246 - 1

Did you lock the door?
Heb je de deur op slot gedaan?

246 - 2

He has my number.
Hij heeft mijn nummer.

246 - 3

He is my classmate.
Hij is mijn klasgenoot.

246 - 4

I have to go now.
Ik moet nu gaan.

246 - 5

Let's pay separately.
Laten we apart betalen.

36/52

246 - 6

Remind me.
Herinner me eraan.

246 - 7

She's always smiling.
Ze lacht altijd.

Day 246

Week 36

247 - 1

Do you think so?
Denk je dat?

247 - 2

Focus on your goal.
Concentreer je op je doel.

247 - 3

The road is closed.
De weg is afgesloten.

247 - 4

I'm thirsty.
Ik heb dorst.

247 - 5

I swam a lot yesterday.
Ik heb gisteren veel gezwommen.

36/52

247 - 6

Which do you like best?
Welke vind je het lekkerst?

247 - 7

She has a little son.
Ze heeft een zoontje.

Day 247

Week 36

248 - 1

I'd love to, thanks.
Dat zou ik graag doen, bedankt.

248 - 2

He's older than me.
Hij is ouder dan ik.

248 - 3

Both are the same.
Beide zijn hetzelfde.

248 - 4

I would rather go home.
Ik ga liever naar huis.

248 - 5

No, I did not do it.
Nee, ik heb het niet gedaan.

36/52

248 - 6

Don't move!
Niet bewegen.

248 - 7

She's an office worker.
Ze werkt op kantoor.

Day 248

Week 36

249 - 1

She is not that stupid.
Ze is niet zo dom.

249 - 2

I don't like crowds.
Ik hou niet van drukte.

249 - 3

I'm studying Japanese.
Ik studeer Japans.

249 - 4

Complete the table.
Vul de tabel aan.

249 - 5

Find the value of x.
Vind de waarde van x.

36/52

249 - 6

I like grapes.
Ik hou van druiven.

249 - 7

No classes tomorrow.
Geen lessen morgen.

Day 249

Week 36

250 - 1

I'm home.
Ik ben thuis.

250 - 2

I was stuck in traffic.
Ik zat vast in het verkeer.

250 - 3

My car has broken down.
Mijn auto is kapot.

250 - 4

The man stole her bag.
De man heeft haar tas gestolen.

250 - 5

He took off his glasses.
Hij heeft zijn bril afgezet.

36/52

250 - 6

Are you being served?
Wordt u bediend?

250 - 7

Have a good time.
Heb een leuke tijd.

Day 250

Week 36

251 - 1

He loves barbecues.
Hij houdt van barbecues.

251 - 2

It's cold.
Het is koud.

251 - 3

There's nothing here.
Er is hier niets.

251 - 4

Don't eat too much.
Eet niet te veel.

251 - 5

Do not lie.
Niet liegen.

36/52

251 - 6

Don't tell lies.
Vertel geen leugens.

251 - 7

It will rain tomorrow.
Morgen gaat het regenen.

Day 251

Test 36

252 - 1

Remind me.

252 - 2

I swam a lot yesterday.

252 - 3

I would rather go home.

252 - 4

I'm studying Japanese.

252 - 5

I was stuck in traffic.

36/52

252 - 6

He loves barbecues.

252 - 7

It will rain tomorrow.

Day 252

Week 37

253 - 1

Eat a balanced diet.
Eet evenwichtig.

253 - 2

Read your books quietly.
Lees je boeken rustig.

253 - 3

Please help me out sir.
Help me alstublieft, meneer.

253 - 4

Does he befit always?
Past hij altijd?

253 - 5

I totally disagree.
Ik ben het er totaal niet mee eens.

37/52

253 - 6

Please help yourself.
Help jezelf, alsjeblieft.

253 - 7

My stomach hurts a lot.
Mijn maag doet veel pijn.

Day 253

Week 37

254 - 1

I guarantee your safety.
Ik garandeer je veiligheid.

254 - 2

Don't disturb me.
Stoor me niet.

254 - 3

Please press the button.
Druk op de knop.

254 - 4

Is the story real?
Is het verhaal echt?

254 - 5

He came here alone.
Hij kwam hier alleen.

37/52

254 - 6

I don't feel like it.
Ik heb er geen zin in.

254 - 7

I took the first train.
Ik heb de eerste trein genomen.

Day 254

Week 37

255 - 1

How late is it?
Hoe laat is het?

255 - 2

Best regards.
Vriendelijke groeten.

255 - 3

He lost his girlfriend.
Hij verloor zijn vriendin.

255 - 4

I peeled a carrot.
Ik heb een wortel geschild.

255 - 5

My mother sighed.
Mijn moeder zuchtte.

37/52

255 - 6

Don't make me angry.
Maak me niet boos.

255 - 7

This door is automatic.
Deze deur is automatisch.

Day 255

Week 37

256 - 1

Start the engine.
Start de motor.

256 - 2

Anything to convey?
Iets om over te brengen?

256 - 3

He has a car.
Hij heeft een auto.

256 - 4

Don't ask me anything.
Vraag me niets.

256 - 5

This whisky is strong.
Deze whisky is sterk.

37/52

256 - 6

Hello everyone.
Hallo iedereen.

256 - 7

Who else wants to try?
Wie wil het nog meer proberen?

Day 256

Week 37

257 - 1

The rear seat is empty.
De achterbank is leeg.

257 - 2

He finally showed up.
Hij kwam eindelijk opdagen.

257 - 3

I hate the dentist.
Ik haat de tandarts.

257 - 4

I tripped on a stone.
Ik struikelde over een steen.

257 - 5

I love my father.
Ik hou van mijn vader.

37/52

257 - 6

I like old cars.
Ik hou van oude auto's.

257 - 7

Welcome to Japan.
Welkom in Japan.

Day 257

Week 37

258 - 1

I don't have work today.
Ik hoef vandaag niet te werken.

258 - 2

My father's a lawyer.
Mijn vader is advocaat.

258 - 3

The battery is flat.
De batterij is leeg.

258 - 4

It was a foggy night.
Het was een mistige nacht.

258 - 5

Put on these pajamas.
Doe deze pyjama aan.

37/52

258 - 6

Turn around.
Draai je om.

258 - 7

I heard a gunshot.
Ik hoorde een geweerschot.

Day 258

Test 37

259 - 1

Please help yourself.

259 - 2

He came here alone.

259 - 3

I peeled a carrot.

259 - 4

He has a car.

259 - 5

He finally showed up.

37/52

259 - 6

I don't have work today.

259 - 7

I heard a gunshot.

Day 259

Week 38

260 - 1

Please keep working.
Blijft u alstublieft werken.

260 - 2

Have a nice weekend.
Prettig weekend.

260 - 3

What brings you here?
Wat brengt u hier?

260 - 4

I love summer.
Ik hou van de zomer.

260 - 5

Will they come here?
Komen ze hierheen?

38/52

260 - 6

I completely agree.
Ik ben het er helemaal mee eens.

260 - 7

I hate onions.
Ik haat uien.

Day 260

Week 38

261 - 1

It's your mistake.
Het is jouw fout.

261 - 2

I'm really sorry.
Het spijt me echt.

261 - 3

I'm sorry, I can't.
Het spijt me, ik kan niet.

261 - 4

Let's meet on Monday.
Laten we maandag afspreken.

261 - 5

I am so stressed.
Ik ben zo gestrest.

38/52

261 - 6

His teeth are white.
Zijn tanden zijn wit.

261 - 7

I'm thirty.
Ik ben dertig.

Day 261

Week 38

262 - 1

Does the dog bark?
Blaft de hond?

262 - 2

Oh, my god. Really?
Oh, mijn god. Echt?

262 - 3

It's very cheap.
Het is erg goedkoop.

262 - 4

Are you satisfied now?
Ben je nu tevreden?

262 - 5

Yes, please.
Ja, alstublieft.

38/52

262 - 6

I bought a new computer.
Ik kocht een nieuwe computer.

262 - 7

You must be tired
Je zult wel moe zijn.

Day 262

Week 38

263 - 1

Where is the post box?
Waar is de postbus?

263 - 2

Please line up here.
Hier in de rij, alstublieft.

263 - 3

Sorry I am late.
Sorry dat ik te laat ben.

263 - 4

Happy Anniversary!
Gelukkige Verjaardag!

263 - 5

Do not smoke.
Niet roken.

38/52

263 - 6

They often play tennis.
Ze spelen vaak tennis.

263 - 7

I am friendly.
Ik ben vriendelijk.

Day 263

Week 38

264 - 1

Here is my passport.
Hier is mijn paspoort.

264 - 2

This food is tasteless.
Dit eten is smakeloos.

264 - 3

I pickup very fast.
Ik pik heel snel op.

264 - 4

Don't lose your receipt!
Verlies je bonnetje niet!

264 - 5

Who do you go with?
Met wie ga je?

38/52

264 - 6

Which is your bag?
Wat is je tas?

264 - 7

Can you hear me?
Kun je me horen?

Day 264

Week 38

265 - 1

Where do you work out?
Waar train je?

265 - 2

What are your symptoms?
Wat zijn uw klachten?

265 - 3

What is he?
Wat is hij?

265 - 4

Is he running?
Is hij aan het rennen?

265 - 5

My son is now a toddler.
Mijn zoon is nu een kleuter.

38/52

265 - 6

I have lost my card.
Ik ben mijn kaart kwijt.

265 - 7

In my opinion.
Naar mijn mening.

Day 265

Test 38

266 - 1

I completely agree.

266 - 2

I am so stressed.

266 - 3

Are you satisfied now?

266 - 4

Sorry I am late.

266 - 5

This food is tasteless.

38/52

266 - 6

Where do you work out?

266 - 7

In my opinion.

Day 266

Week 39

I jog every morning.
Ik jog elke morgen.

267 - 2

Bring them here.
Breng ze hier.

267 - 3

Is she cutting a tree?
Is ze een boom aan het omzagen?

267 - 4

His house is very big.
Zijn huis is erg groot.

267 - 5

She sued the company.
Ze klaagde het bedrijf aan.

39/52

267 - 6

I'm not interested.
Ik ben niet geïnteresseerd.

267 - 7

Thanks for calling.
Bedankt voor het bellen.

Day 267

Week 39

268 - 1

The traffic is clear.
Het verkeer is rustig.

268 - 2

Pretty well.
Best goed.

268 - 3

It's pay day!
Het is betaaldag.

268 - 4

I'm going to undress.
Ik ga me uitkleden.

268 - 5

I can do it.
Ik kan het wel.

268 - 6

39/52

They live a quiet life.
Ze leiden een rustig leven.

268 - 7

This is confidential.
Dit is vertrouwelijk.

Day 268

Week 39

269 - 1

Milk was sold out.
De melk was uitverkocht.

269 - 2

Don't be late.
Kom niet te laat.

269 - 3

Are you free next week?
Ben je volgende week vrij?

269 - 4

You're kidding.
Je maakt een grapje.

269 - 5

Please come closer.
Kom dichterbij, alstublieft.

39/52

269 - 6

Will you be my friend?
Wil je mijn vriend zijn?

269 - 7

My nails have grown.
Mijn nagels zijn gegroeid.

Day 269

Week 39

270 - 1

What is my room number?
Wat is mijn kamernummer?

270 - 2

He no longer hates her.
Hij haat haar niet meer.

270 - 3

Hazardous waste.
Gevaarlijk afval.

270 - 4

It's very kind of you.
Het is erg aardig van je.

270 - 5

I don't like him.
Ik mag hem niet.

270 - 6

39/52

It was my pleasure.
Het was me een genoegen.

270 - 7

I am sorry I'm late.
Het spijt me dat ik te laat ben.

Day 270

Week 39

271 - 1

She is a youth icon.
Ze is een jeugdicoon.

271 - 2

I feel shy.
Ik voel me verlegen.

271 - 3

No entry for bicycles.
Geen toegang voor fietsen.

271 - 4

His wife is beautiful.
Zijn vrouw is mooi.

271 - 5

When is he returning?
Wanneer komt hij terug?

39/52

271 - 6

That's OK.
Dat is goed.

271 - 7

Don't make noise.
Maak geen lawaai.

Day 271

Week 39

272 - 1

I have a fever.
Ik heb koorts.

272 - 2

We studied democracy.
We hebben democratie gestudeerd.

272 - 3

Time went by so fast.
De tijd ging zo snel voorbij.

272 - 4

These shoes fit me.
Deze schoenen passen me.

272 - 5

What a pity.
Wat jammer.

272 - 6

39/52

The pain is too much.
De pijn is te erg.

272 - 7

Who's calling, please?
Wie belt er, alstublieft?

Day 272

Test 39

273 - 1

I'm not interested.

273 - 2

I can do it.

273 - 3

You're kidding.

273 - 4

Hazardous waste.

273 - 5

I feel shy.

39/52

273 - 6

I have a fever.

273 - 7

Who's calling, please?

Day 273

Week 40

274 - 1

For how many persons?
Voor hoeveel personen?

274 - 2

I agree.
Ik ga akkoord.

274 - 3

Are you ready to order?
Ben je klaar om te bestellen?

274 - 4

Don't mention it.
Zeg het niet.

274 - 5

She was quiet at first.
In het begin was ze stil.

274 - 6

40/52

John, this is Mary.
John, dit is Maria.

274 - 7

Did he award him?
Heeft hij hem gegund?

Day 274

Week 40

275 - 1

It's too big for me.
Het is te groot voor mij.

275 - 2

Is he at home?
Is hij thuis?

275 - 3

What did he say?
Wat heeft hij gezegd?

275 - 4

He speaks clearly.
Hij spreekt duidelijk.

275 - 5

Sure. Thank you.
Zeker. Dank je.

40/52

275 - 6

Is he learning English?
Leert hij Engels?

275 - 7

Where's the bookshop?
Waar is de boekwinkel?

Day 275

Week 40

276 - 1

Do you have any quirks?
Heb je eigenaardigheden?

276 - 2

Where do I come from?
Waar kom ik vandaan?

276 - 3

I work in healthcare.
Ik werk in de gezondheidszorg.

276 - 4

Are you following me?
Volgt u mij?

276 - 5

Don't waste my time.
Verspil mijn tijd niet.

276 - 6

40/52

It's half past eleven.
Het is half twaalf.

276 - 7

He is busy as usual.
Hij heeft het druk zoals gewoonlijk.

Day 276

Week 40

277 - 1

What is your occupation?
Wat is je beroep?

277 - 2

The stew burnt.
De stoofpot is aangebrand.

277 - 3

What can you say?
Wat kun je zeggen?

277 - 4

Can I have one?
Kan ik er een krijgen?

277 - 5

I had twin baby girls.
Ik kreeg een tweeling.

277 - 6

40/52

I am so into you.
Ik ben zo in jou.

277 - 7

He knows my number.
Hij kent mijn nummer.

Day 277

Week 40

278 - 1

He came by bus.
Hij kwam met de bus.

278 - 2

I inhaled dust.
Ik heb stof ingeademd.

278 - 3

Why did he come here?
Waarom is hij hier gekomen?

278 - 4

Don't get angry.
Word niet boos.

278 - 5

This cup is plastic.
Deze beker is van plastic.

278 - 6

What's your surname?
Wat is uw achternaam?

278 - 7

Work in progress.
Werk in uitvoering.

Day 278

Week 40

279 - 1

Your skirt is rumpled.
Je rok is gekreukt.

279 - 2

He lives around here.
Hij woont hier in de buurt.

279 - 3

Return it safely.
Breng het veilig terug.

279 - 4

Where do you live?
Waar woon je?

279 - 5

Does the bomb blast?
Ontploft de bom?

279 - 6

40/52

Did you listen to me?
Heb je naar me geluisterd?

279 - 7

Just a moment please.
Een momentje alstublieft.

Day 279

Test 40

280 - 1

John, this is Mary.

280 - 2

Sure. Thank you.

280 - 3

Are you following me?

280 - 4

What can you say?

280 - 5

I inhaled dust.

280 - 6

Your skirt is rumpled.

40/52

280 - 7

Just a moment please.

Day 280

Week 41

281 - 1

I like bitter coffee.
Ik hou van bittere koffie.

281 - 2

Let's go home.
Laten we naar huis gaan.

281 - 3

It is very hot inside.
Het is erg warm binnen.

281 - 4

I understand.
Ik begrijp het.

281 - 5

That would be fantastic!
Dat zou fantastisch zijn!

281 - 6

41/52

Say cheese!
Zeg kaas!

281 - 7

Does he add wealth?
Voegt hij rijkdom toe?

Day 281

Week 41

282 - 1

What station is it?
Welke zender is het?

282 - 2

It looks great!
Het ziet er goed uit!

282 - 3

I am a vegetarian.
Ik ben vegetariër.

282 - 4

This meat is not fresh.
Dit vlees is niet vers.

282 - 5

Please sit there.
Ga daar zitten.

282 - 6

How big is that house?
Hoe groot is dat huis?

 41/52

282 - 7

You're bleeding.
Je bloedt.

Day 282

Week 41

283 - 1

You deserve it!
Je verdient het!

283 - 2

How do you know that?
Hoe weet je dat?

283 - 3

I have no problem.
Ik heb geen probleem.

283 - 4

It's cloudy today.
Het is bewolkt vandaag.

283 - 5

Stop messing around.
Stop met rotzooien.

283 - 6

41/52

Save for a rainy day.
Bewaar het voor een regenachtige dag.

283 - 7

Did she ask me?
Heeft ze het mij gevraagd?

Day 283

Week 41

284 - 1

I'll put you through.
Ik verbind u door.

284 - 2

They shook hands.
Ze hebben elkaar de hand geschud.

284 - 3

He works out every day.
Hij traint elke dag.

284 - 4

Absolutely.
Absoluut wel.

284 - 5

Just take it easy.
Doe het rustig aan.

284 - 6

Good job.
Goed werk.

41/52

284 - 7

I'll go there by train.
Ik ga er met de trein heen.

Day 284

Week 41

285 - 1

A person is missing.
Er ontbreekt een persoon.

285 - 2

It is quite tasty.
Het is best lekker.

285 - 3

How's it going?
Hoe gaat het?

285 - 4

Please show me.
Laat het me alsjeblieft zien.

285 - 5

It was a nice evening.
Het was een leuke avond.

41/52

285 - 6

Open for residents.
Open voor bewoners.

285 - 7

I need to earn money.
Ik moet geld verdienen.

Day 285

Week 41

286 - 1

He is a lucky man.
Hij is een gelukkig man.

286 - 2

Where's the florist's?
Waar is de bloemist?

286 - 3

Is your wife employed?
Heeft uw vrouw werk?

286 - 4

This is my husband.
Dit is mijn man.

286 - 5

Did he come?
Is hij gekomen?

286 - 6

What a beautiful person!
Wat een mooi mens!

 41/52

286 - 7

Don't play on the road.
Speel niet op de weg.

Day 286

Test 41

287 - 1

Say cheese!

287 - 2

Please sit there.

287 - 3

It's cloudy today.

287 - 4

He works out every day.

287 - 5

It is quite tasty.

41/52

287 - 6

He is a lucky man.

287 - 7

Don't play on the road.

Day 287

Week 42

288 - 1

What about a cup of tea?
Wat dacht je van een kopje thee?

288 - 2

Please feel free.
Voel je vrij.

288 - 3

My hobby is reading.
Mijn hobby is lezen.

288 - 4

Wear your life guards.
Draag je reddingsvesten.

288 - 5

It's your decision.
Het is jouw beslissing.

288 - 6

A table for two?
Een tafel voor twee?

42/52

288 - 7

Listen to me.
Luister naar me.

Day 288

Week 42

289 - 1

Solve it on the board.
Los het op het bord op.

289 - 2

I am fine.
Ik ben in orde.

289 - 3

You look great.
Je ziet er geweldig uit.

289 - 4

I had a scary dream.
Ik had een enge droom.

289 - 5

My foot went numb.
Mijn voet werd gevoelloos.

289 - 6

42/52

The light is still on.
Het licht is nog aan.

289 - 7

She's a romantic person.
Ze is een romantisch persoon.

Day 289

Week 42

290 - 1

I unlaced my shoes.
Ik heb mijn veters losgemaakt.

290 - 2

I read the Times.
Ik heb de Times gelezen.

290 - 3

First day of school.
Eerste schooldag.

290 - 4

He dared to face danger.
Hij durfde het gevaar aan.

290 - 5

This car is very fast.
Deze auto is erg snel.

290 - 6

My card has been stolen.
Mijn kaart is gestolen.

42/52

290 - 7

It's very unlikely.
Het is zeer onwaarschijnlijk.

Day 290

Week 42

291 - 1

I feel tired.
Ik voel me moe.

291 - 2

I work as a doctor.
Ik werk als dokter.

291 - 3

His story was funny.
Zijn verhaal was grappig.

291 - 4

Thanks a lot.
Hartelijk bedankt.

291 - 5

I'm a terrible singer.
Ik ben een vreselijke zangeres.

291 - 6

42/52

Why didn't you come?
Waarom ben je niet gekomen?

291 - 7

She is a bad woman.
Zij is een slechte vrouw.

Day 291

Week 42

292 - 1

It's too tight for me.
Het is te strak voor mij.

292 - 2

Did our client arrive?
Is onze klant aangekomen ?

292 - 3

Any ideas?
Nog ideeën?

292 - 4

I drank a little wine.
Ik heb een beetje wijn gedronken.

292 - 5

I don't care.
Het kan me niet schelen.

292 - 6

I've fully recovered.
Ik ben volledig hersteld.

42/52

292 - 7

The bag was sold out.
De tas was uitverkocht.

Day 292

Week 42

293 - 1

I'm grilling fish now.
Ik ben nu vis aan het grillen.

293 - 2

Put on your boots!
Trek je laarzen aan.

293 - 3

The boss is coming.
De baas komt eraan.

293 - 4

That pond is very deep.
Die vijver is erg diep.

293 - 5

The knife cuts well.
Het mes snijdt goed.

293 - 6

42/52

Yes, sir!
Ja, meneer!

293 - 7

It tastes good!
Het smaakt goed!

Day 293

Test 42

294 - 1

A table for two?

294 - 2

My foot went numb.

294 - 3

He dared to face danger.

294 - 4

His story was funny.

294 - 5

Did our client arrive?

294 - 6

I'm grilling fish now.

42/52

294 - 7

It tastes good!

Day 294

Week 43

295 - 1

I am nervous.
Ik ben nerveus.

295 - 2

A double bed, please.
Een tweepersoonsbed, alstublieft.

295 - 3

He stood on the stage.
Hij stond op het podium.

295 - 4

His grades are not bad.
Zijn cijfers zijn niet slecht.

295 - 5

My bike got a flat tire.
Mijn fiets heeft een lekke band.

43/52

295 - 6

That's an extreme idea.
Dat is een extreem idee.

295 - 7

I'm 27 years old.
Ik ben 27 jaar oud.

Day 295

Week 43

296 - 1

The water is hard.
Het water is hard.

296 - 2

Happy Holidays!
Prettige Feestdagen!

296 - 3

He doesn't have time.
Hij heeft geen tijd.

296 - 4

Drink plenty of water.
Drink veel water.

296 - 5

Do as you like.
Doe wat u wilt.

296 - 6

See you tomorrow.
Tot morgen.

43/52

296 - 7

Who are your bankers?
Wie zijn je bankiers?

Day 296

Week 43

297 - 1

They have guns.
Ze hebben geweren.

297 - 2

Don't come near me.
Kom niet bij me in de buurt.

297 - 3

Don't worry.
Maak je geen zorgen.

297 - 4

Thanks for the tip.
Bedankt voor de tip.

297 - 5

I was kidnapped.
Ik was ontvoerd.

297 - 6

Have a pizza.
Neem een pizza.

43/52

297 - 7

I go to school by train.
Ik ga met de trein naar school.

Day 297

Week 43

298 - 1

Merry Christmas!.
Vrolijk Kerstfeest.

298 - 2

Have you ever had a pet?
Heb je ooit een huisdier gehad?

298 - 3

First aid center.
Eerste hulp centrum.

298 - 4

My wallet was stolen.
Mijn portemonnee is gestolen.

298 - 5

I'm pleased to meet you.
Ik ben blij je te ontmoeten.

298 - 6

What is his name?
Wat is zijn naam?

43/52

298 - 7

It's midnight.
Het is middernacht.

Day 298

Week 43

299 - 1

Where is his residence?
Waar is zijn woonplaats?

299 - 2

I fed the dog.
Ik heb de hond eten gegeven.

299 - 3

Yes, I've got one.
Ja, ik heb er een.

299 - 4

Sorry for my fault.
Sorry voor mijn fout.

299 - 5

Bear in mind.
Denk eraan.

299 - 6

Close the door properly.
Doe de deur goed dicht.

43/52

299 - 7

This is my house.
Dit is mijn huis.

Day 299

Week 43

300 - 1

Where are you working?
Waar werk je?

300 - 2

He's just a drunkard.
Hij is gewoon een dronkaard.

300 - 3

No blowing of horns.
Niet op claxons blazen.

300 - 4

Is everyone injured?
Is iedereen gewond?

300 - 5

Don't rush me.
Jaag me niet op.

300 - 6

Where do they live?
Waar wonen zij?

300 - 7

The ship sank.
Het schip is gezonken.

Day 300

Test 43

301 - 1

That's an extreme idea.

301 - 2

Do as you like.

301 - 3

Thanks for the tip.

301 - 4

First aid center.

301 - 5

I fed the dog.

301 - 6

Where are you working?

43/52

301 - 7

The ship sank.

Day 301

Week 44

302 - 1

I tend to think that.
Ik ben geneigd dat te denken.

302 - 2

Please move forward.
Doorlopen alstublieft.

302 - 3

My son turned six.
Mijn zoon is zes geworden.

302 - 4

The rain stopped.
De regen is opgehouden.

302 - 5

When will they come?
Wanneer zullen ze komen?

302 - 6

Can you speak English?
Spreekt u Engels?

44/52

302 - 7

I'm good at science.
Ik ben goed in wetenschap.

Day 302

Week 44

303 - 1

No parking.
Niet parkeren.

303 - 2

My friend got divorced.
Mijn vriendin is gescheiden.

303 - 3

This sofa feels good.
Deze bank voelt goed.

303 - 4

He's full of energy.
Hij zit vol energie.

303 - 5

He spat on the ground.
Hij spuugde op de grond.

303 - 6

Where does he work?
Waar werkt hij?

44/52

303 - 7

My boss is stubborn.
Mijn baas is koppig.

Day 303

Week 44

304 - 1

How long will you wait?
Hoe lang wacht je nog?

304 - 2

How did you get there?
Hoe ben je daar gekomen?

304 - 3

Her baby is cute.
Haar baby is schattig.

304 - 4

This is my teacher.
Dit is mijn leraar.

304 - 5

That is okay.
Dat is oké.

304 - 6

You are welcome.
U bent welkom.

44/52

304 - 7

The house is lovely.
Het huis is prachtig.

Day 304

Week 44

305 - 1

Are you sure?
Weet je het zeker?

305 - 2

I bought three glasses.
Ik kocht drie glazen.

305 - 3

She closed her eyes.
Ze sloot haar ogen.

305 - 4

How are you?
Hoe gaat het met je?

305 - 5

How was your vacation?
Hoe was je vakantie?

305 - 6

Excuse me.
Excuseer me.

305 - 7

Is this organic?
Is dit biologisch?

Day 305

Week 44

306 - 1

I will try this.
Ik zal dit proberen.

306 - 2

Please give an example.
Geef een voorbeeld.

306 - 3

I jog every day.
Ik jog elke dag.

306 - 4

What is your score?
Wat is je score?

306 - 5

I haven't tried it on.
Ik heb het nog niet geprobeerd.

306 - 6

Can you lift this table?
Kunt u deze tafel optillen?

44/52

306 - 7

Call an ambulance.
Bel een ambulance.

Day 306

Week 44

307 - 1

He was very helpful.
Hij was erg behulpzaam.

307 - 2

It's an industrial city.
Het is een industriële stad.

307 - 3

How disappointing.
Hoe teleurstellend.

307 - 4

We took a package tour.
We hebben een pakketreis gemaakt.

307 - 5

It's too small for me.
Het is te klein voor mij.

307 - 6

I looked up at the sky.
Ik keek omhoog naar de hemel.

307 - 7

Next is your turn.
Nu is het uw beurt.

Day 307

Test 44

308 - 1

Can you speak English?

308 - 2

He spat on the ground.

308 - 3

This is my teacher.

308 - 4

She closed her eyes.

308 - 5

Please give an example.

308 - 6

He was very helpful.

44/52

308 - 7

Next is your turn.

Day 308

Week 45

309 - 1

The food here is bad.
Het eten hier is slecht.

309 - 2

It's time for lunch.
Het is tijd voor de lunch.

309 - 3

She was very brave.
Ze was erg dapper.

309 - 4

Did he attempt?
Heeft hij het geprobeerd?

309 - 5

There's a book here.
Er ligt hier een boek.

309 - 6

I feel very depressed.
Ik voel me erg gedeprimeerd.

45/52

309 - 7

Her words hurt me.
Haar woorden doen me pijn.

Day 309

Week 45

310 - 1

I've been attacked.
Ik ben aangevallen.

310 - 2

You can do it!
Je kan het!

310 - 3

His company relocated.
Zijn bedrijf is verhuisd.

310 - 4

When do you go to bed?
Wanneer ga je naar bed?

310 - 5

It's pouring.
Het giet.

310 - 6

Here's the menu.
Hier is het menu.

45/52

310 - 7

My wallet is empty.
Mijn portefeuille is leeg.

Day 310

Week 45

311 - 1

I want to live abroad.
Ik wil in het buitenland wonen.

311 - 2

Better luck next time.
Volgende keer meer geluk.

311 - 3

Can you help me?
Kun je me helpen?

311 - 4

This seat is taken.
Deze plaats is bezet.

311 - 5

Do you have a stool?
Heb je een ontlasting?

311 - 6

Long time no see.
Lang niet gezien.

45/52

311 - 7

It's too short.
Het is te kort.

Day 311

Week 45

312 - 1

Have dinner.
Ga eten.

312 - 2

He has no time.
Hij heeft geen tijd.

312 - 3

That would be okay.
Dat zou goed zijn.

312 - 4

Sorry. You can't.
Sorry. Je kunt niet.

312 - 5

I'm looking for my dog.
Ik zoek mijn hond.

312 - 6

I bought one book.
Ik heb één boek gekocht.

45/52

312 - 7

He's good at baseball.
Hij is goed in honkbal.

Day 312

Week 45

313 - 1

This juice is too sweet.
Dit sap is te zoet.

313 - 2

Dry in the shade.
Droog in de schaduw.

313 - 3

She shed tears.
Ze vergiet tranen.

313 - 4

He is a national hero.
Hij is een nationale held.

313 - 5

He has gone out.
Hij is uit gegaan.

313 - 6

We are open all day.
We zijn de hele dag open.

45/52

313 - 7

I got a new job.
Ik heb een nieuwe baan.

Day 313

Week 45

314 - 1

I live on my own.
Ik woon op mezelf.

314 - 2

Please calm down.
Kalmeert u alstublieft.

314 - 3

What does it mean?
Wat betekent het?

314 - 4

Did I ask you?
Heb ik het je gevraagd?

314 - 5

He's studying now.
Hij studeert nu.

314 - 6

That was excellent.
Dat was uitstekend.

45/52

314 - 7

Can I travel?
Kan ik reizen?

Day 314

Test 45

315 - 1

I feel very depressed.

315 - 2

It's pouring.

315 - 3

This seat is taken.

315 - 4

That would be okay.

315 - 5

Dry in the shade.

315 - 6

I live on my own.

45/52

315 - 7

Can I travel?

Day 315

Week 46

316 - 1

Cool down.
Afkoelen.

316 - 2

Turn right.
Sla rechtsaf.

316 - 3

Nice to meet you too.
Ook leuk u te ontmoeten.

316 - 4

I can't avoid it.
Ik kan het niet vermijden.

316 - 5

He loves himself.
Hij houdt van zichzelf.

316 - 6

My jaw hurts.
Mijn kaak doet pijn.

316 - 7

Where's the library?
Waar is de bibliotheek?

Day 316

Week 46

317 - 1

The team was weak.
Het team was zwak.

317 - 2

Take a look around.
Kijk eens rond.

317 - 3

That's all for today.
Dat is alles voor vandaag.

317 - 4

Our cat is a male.
Onze kat is een kater.

317 - 5

Heat the pan.
Verhit de pan.

317 - 6

Do not disturb.
Niet storen.

46/52

317 - 7

It's going to rain.
Het gaat regenen.

Day 317

Week 46

318 - 1

How is this cooked?
Hoe is dit gekookt?

318 - 2

Are you free tomorrow?
Ben je morgen vrij?

318 - 3

The bill, please.
De rekening, alstublieft.

318 - 4

What have you decided?
Wat heb je besloten?

318 - 5

Keep your word.
Hou je aan je woord.

318 - 6

Here is your change.
Hier is uw wisselgeld.

46/52

318 - 7

I slept well last night.
Ik heb vannacht goed geslapen.

Day 318

Week 46

319 - 1

Are you joking?
Maak je een grapje?

319 - 2

See you later.
Ik zie je later.

319 - 3

See you soon.
Tot gauw.

319 - 4

Stop the car.
Stop de auto.

319 - 5

Please call a taxi.
Bel een taxi.

319 - 6

The steak here is OK.
De biefstuk hier is goed.

46/52

319 - 7

He's not arrogant.
Hij is niet arrogant.

Day 319

Week 46

320 - 1

I'm frightened.
Ik ben bang.

320 - 2

I write right-handed.
Ik schrijf rechtshandig.

320 - 3

I marked the mistakes.
Ik heb de fouten gemarkeerd.

320 - 4

I am sorry.
Het spijt me.

320 - 5

Where is the station?
Waar is het station?

320 - 6

Let's ask Mom.
Laten we het aan mama vragen.

46/52

320 - 7

I want new shoes.
Ik wil nieuwe schoenen.

Day 320

Week 46

321 - 1

He has a weak stomach.
Hij heeft een zwakke maag.

321 - 2

Ask him to call me.
Vraag hem mij te bellen.

321 - 3

A sheet of pastry.
Een vel gebak.

321 - 4

Happy Valentine's Day!
Fijne Valentijnsdag.

321 - 5

Do you have any idea?
Heb je enig idee?

321 - 6

I go by train.
Ik ga met de trein.

46/52

321 - 7

He turned on the tap.
Hij draaide de kraan open.

Day 321

Test 46

322 - 1

My jaw hurts.

322 - 2

Heat the pan.

322 - 3

What have you decided?

322 - 4

See you soon.

322 - 5

I write right-handed.

322 - 6

He has a weak stomach.

322 - 7

He turned on the tap.

 46/52

Day 322

Week 47

323 - 1

The bus is leaving.
De bus vertrekt.

323 - 2

No problem.
Geen probleem.

323 - 3

Her cheeks are all red.
Haar wangen zijn helemaal rood.

323 - 4

He's acting strange.
Hij doet vreemd.

323 - 5

The brown bag is mine.
De bruine zak is van mij.

323 - 6

I hear a strange sound.
Ik hoor een vreemd geluid.

47/52

323 - 7

I go to a gym.
Ik ga naar een sportschool.

Day 323

Week 47

324 - 1

It was my mistake.
Het was mijn fout.

324 - 2

Make a note of it.
Maak er een notitie van.

324 - 3

Good night.
Goedenacht.

324 - 4

He is very smart.
Hij is heel slim.

324 - 5

May I use your computer?
Mag ik uw computer gebruiken?

324 - 6

What is your opinion?
Wat is je mening?

324 - 7

It is direct?
Is het direct?

47/52

Day 324

Week 47

325 - 1

Let's go by bus.
Laten we met de bus gaan.

325 - 2

Blue is your colour!
Blauw is jouw kleur!

325 - 3

We have plenty of time.
We hebben tijd genoeg.

325 - 4

He's hurt his ankle.
Hij heeft zijn enkel bezeerd.

325 - 5

The house is spacious.
Het huis is ruim.

325 - 6

How many people?
Hoeveel mensen?

47/52

325 - 7

Don't lose your temper.
Verlies je kalmte niet.

Day 325

Week 47

326 - 1

Can I try this on?
Mag ik dit passen?

326 - 2

I work at a bank.
Ik werk bij een bank.

326 - 3

How is your sister?
Hoe is het met je zus?

326 - 4

It hurts.
Het doet pijn.

326 - 5

Perfect!
Perfect!

326 - 6

How much is this?
Hoeveel kost dit?

326 - 7

47/52

Go and get dressed.
Ga je aankleden.

Day 326

Week 47

327 - 1

That child is so thin.
Dat kind is zo mager.

327 - 2

How sure are you?
Hoe zeker ben je?

327 - 3

Please imitate my move.
Doe mijn beweging na.

327 - 4

Welcome home.
Welkom thuis.

327 - 5

He's sometimes late.
Hij is soms te laat.

327 - 6

Will it rain today?
Gaat het regenen vandaag?

327 - 7

47/52

Happy New Year!
Gelukkig Nieuwjaar!

Day 327

Week 47

328 - 1

I forgave him.
Ik heb hem vergeven.

328 - 2

I have a stomach ache.
Ik heb buikpijn.

328 - 3

Thank you very much.
Dank u wel.

328 - 4

This road is bumpy.
Deze weg is hobbelig.

328 - 5

I love dogs.
Ik hou van honden.

328 - 6

I study philosophy.
Ik studeer filosofie.

328 - 7

47/52

He apologized at once.
Hij verontschuldigde zich meteen.

Day 328

Test 47

329 - 1

I hear a strange sound.

329 - 2

May I use your computer?

329 - 3

He's hurt his ankle.

329 - 4

How is your sister?

329 - 5

How sure are you?

329 - 6

I forgave him.

47/52

329 - 7

He apologized at once.

Day 329

Week 48

330 - 1

I feel chilly somehow.
Ik heb het op de een of andere manier koud.

330 - 2

He's quit smoking now.
Hij is nu gestopt met roken.

330 - 3

No, that's not true.
Nee, dat is niet waar.

330 - 4

I am Mary.
Ik ben Mary.

330 - 5

I have no money.
Ik heb geen geld.

330 - 6

What's new?
Wat is er nieuw?

330 - 7

He's a taxi driver.
Hij is taxichauffeur.

48/52

Day 330

Week 48

331 - 1

That shirt looks cheap.
Dat shirt ziet er goedkoop uit.

331 - 2

He is driving too fast.
Hij rijdt te hard.

331 - 3

I have no choice.
Ik heb geen keus.

331 - 4

He has office today.
Hij heeft kantoor vandaag.

331 - 5

This is a danger zone.
Dit is een gevarenzone.

331 - 6

What is the first step?
Wat is de eerste stap?

331 - 7

48/52

Sounds great.
Klinkt goed.

Day 331

Week 48

332 - 1

I work under pressure.
Ik werk onder druk.

332 - 2

Don't try my patience.
Stel mijn geduld niet op de proef.

332 - 3

I had a great time.
Ik had een geweldige tijd.

332 - 4

The server is down.
De server doet het niet.

332 - 5

I like this bag.
Ik hou van deze tas.

332 - 6

May I know your name?
Mag ik uw naam weten?

332 - 7

It's okay.
Het is oké.

48/52

Day 332

Week 48

333 - 1

Ice is a solid.
IJs is een vaste stof.

333 - 2

I'm very hungry.
Ik heb erge honger.

333 - 3

She is nearsighted.
Ze is bijziend.

333 - 4

I like to be alone.
Ik ben graag alleen.

333 - 5

Attend to the phone.
Let op de telefoon.

333 - 6

He tried an experiment.
Hij probeerde een experiment uit.

48/52

333 - 7

He came here yesterday.
Hij kwam hier gisteren.

Day 333

Week 48

334 - 1

Did you get my letter?
Heb je mijn brief gekregen?

334 - 2

Please think carefully.
Denk alstublieft goed na.

334 - 3

You couldn't do that.
Dat kun je niet doen.

334 - 4

The exam was difficult.
Het examen was moeilijk.

334 - 5

Please speak slowly.
Praat alsjeblieft langzaam.

334 - 6

This chair is shaky.
Deze stoel wankelt.

334 - 7

I want to disappear now.
Ik wil nu verdwijnen.

48/52

Day 334

Week 48

335 - 1

My friend is over there.
Mijn vriend is daar.

335 - 2

Nice wearther, isn't it?
Leuke slijtage, is het niet?

335 - 3

He led her in the dance.
Hij leidde haar in de dans.

335 - 4

Pedestrian bridge.
Voetgangersbrug.

335 - 5

Let's take a break.
Laten we een pauze nemen.

335 - 6

Here is the bill.
Hier is de rekening.

48/52

335 - 7

That is 100% cotton.
Dat is 100% katoen.

Day 335

Test 48

336 - 1

What's new?

336 - 2

This is a danger zone.

336 - 3

The server is down.

336 - 4

She is nearsighted.

336 - 5

Please think carefully.

336 - 6

My friend is over there.

336 - 7

That is 100% cotton.

48/52

Day 336

Week 49

337 - 1

I need a doctor.
Ik heb een dokter nodig.

337 - 2

I put butter in curry.
Ik heb boter in curry gedaan.

337 - 3

It was a very sad movie.
Het was een erg trieste film.

337 - 4

This is my dream job.
Dit is mijn droombaan.

337 - 5

Her hair is very long.
Haar haar is erg lang.

337 - 6

I got a perfect score.
Ik heb een perfecte score.

337 - 7

It's been so cold.
Het is zo koud geweest.

49/52

Day 337

Week 49

338 - 1

Please come.
Komt u maar.

338 - 2

She likes tall men.
Ze houdt van lange mannen.

338 - 3

I accepted his opinion.
Ik heb zijn mening geaccepteerd.

338 - 4

He's learning karate.
Hij leert karate.

338 - 5

Bless you!
God zegene je!

338 - 6

What a beautiful house!
Wat een mooi huis!

338 - 7

I feel happy.
Ik voel me gelukkig.

49/52

Day 338

Week 49

339 - 1

This flower smells good.
Deze bloem ruikt lekker.

339 - 2

Sunglasses suit him.
Een zonnebril past bij hem.

339 - 3

I can't read a map.
Ik kan geen kaart lezen.

339 - 4

What did you say?
Wat heb je gezegd?

339 - 5

Fantastic.
Fantastisch.

339 - 6

That's a great idea.
Dat is een geweldig idee.

339 - 7

49/52

I caught a butterfly.
Ik heb een vlinder gevangen.

Day 339

Week 49

340 - 1

Slow down.
Rustig aan.

340 - 2

Are you ready?
Ben je er klaar voor?

340 - 3

She's tall.
Ze is groot.

340 - 4

I'm off on Thursday.
Donderdag ben ik vrij.

340 - 5

A pitcher of beer.
Een kan bier.

340 - 6

May I offer you a drink?
Mag ik u iets te drinken aanbieden?

340 - 7

She has good manners.
Ze heeft goede manieren.

49/52

Day 340

Week 49

341 - 1

I like you.
Ik vind je leuk.

341 - 2

Did he borrow a pen?
Heeft hij een pen geleend?

341 - 3

Let's go over there.
Laten we daarheen gaan.

341 - 4

Keep cool.
Blijf koel.

341 - 5

She injured her arm.
Ze verwondde haar arm.

341 - 6

Get lost.
Wegwezen.

341 - 7

Did you enjoy your meal?
Heeft u genoten van uw maaltijd?

49/52

Day 341

LEARN DUTCH IN 52 WEEKS

Week 49

342 - 1

It rained yesterday.
Het regende gisteren.

342 - 2

Which one of these?
Welke van deze?

342 - 3

I have no office today.
Ik heb geen kantoor vandaag.

342 - 4

Would you like a bag?
Wil je een tas?

342 - 5

Give it to them.
Geef het aan hen.

342 - 6

Did I ask them to wait?
Heb ik ze gevraagd te wachten?

342 - 7

How do you go to office?
Hoe ga je naar kantoor?

49/52

Day 342

Test 49

343 - 1

I got a perfect score.

343 - 2

Bless you!

343 - 3

What did you say?

343 - 4

She's tall.

343 - 5

Did he borrow a pen?

343 - 6

It rained yesterday.

343 - 7

How do you go to office?

49/52

Day 343

Week 50

344 - 1

Is the machine working?
Werkt de machine?

344 - 2

James is my husband.
James is mijn man.

344 - 3

When you've finished,
Als je klaar bent,

344 - 4

Think nothing of it.
Denk er maar niet aan.

344 - 5

I have no other choice.
Ik heb geen andere keus.

344 - 6

Clean up your place.
Ruim je huis op.

344 - 7

Do you have a pen?
Heb je een pen?

50/52

Day 344

Week 50

345 - 1

I need a new toothbrush.
Ik heb een nieuwe tandenborstel nodig.

345 - 2

That's great.
Dat is geweldig.

345 - 3

The building collapsed.
Het gebouw stortte in.

345 - 4

I'm working as a waiter.
Ik werk als ober.

345 - 5

I am a nurse.
Ik ben een verpleegster.

345 - 6

It's 16th June.
Het is 16 juni.

345 - 7

Don't do it again.
Doe het niet nog eens.

50/52

Day 345

Week 50

346 - 1

I'm learning judo.
Ik leer judo.

346 - 2

Smoking area.
Rokersruimte.

346 - 3

Have a walk.
Ga wandelen.

346 - 4

I will consult my boss.
Ik zal met mijn baas overleggen.

346 - 5

Did you pass the exam?
Ben je geslaagd voor het examen?

346 - 6

How about you?
Hoe gaat het met jou?

346 - 7

You are so kind.
U bent zo vriendelijk.

50/52

Day 346

Week 50

347 - 1

My son brought a friend.
Mijn zoon heeft een vriend meegebracht.

347 - 2

Traffic light ahead.
Verkeerslicht voor ons.

347 - 3

I called the waitress.
Ik heb de serveerster gebeld.

347 - 4

Who do you live with?
Met wie woon je samen?

347 - 5

I need life insurance.
Ik heb een levensverzekering nodig.

347 - 6

She is my mother.
Ze is mijn moeder.

347 - 7

Best of luck.
Veel geluk.

50/52

Day 347

Week 50

348 - 1

Yes, you can.
Ja, je mag.

348 - 2

I do the paperwork.
Ik doe het papierwerk.

348 - 3

Insert card here.
Steek hier de kaart in.

348 - 4

Is it useful?
Is het nuttig?

348 - 5

I had cake for dessert.
Ik had taart als toetje.

348 - 6

Why do you worry?
Waarom maak je je zorgen?

348 - 7

I will buy it.
Ik zal het kopen.

 50/52

Day 348

Week 50

349 - 1

Jump at the chance.
Grijp je kans.

349 - 2

Give me a life vest.
Geef me een reddingsvest.

349 - 3

I like wooden houses.
Ik hou van houten huizen.

349 - 4

He sold the house.
Hij heeft het huis verkocht.

349 - 5

He's a fine man.
Hij is een fijne man.

349 - 6

Whose book is this?
Van wie is dit boek?

349 - 7

It was nice meeting you.
Het was leuk je te ontmoeten.

50/52

Day 349

Test 50

350 - 1

Clean up your place.

350 - 2

I am a nurse.

350 - 3

I will consult my boss.

350 - 4

I called the waitress.

350 - 5

I do the paperwork.

350 - 6

Jump at the chance.

350 - 7

It was nice meeting you.

50/52

Day 350

Week 51

351 - 1

A spoonful of honey.
Een lepeltje honing.

351 - 2

He is a good cook.
Hij is een goede kok.

351 - 3

You're hired.
Je bent aangenomen.

351 - 4

I handed him the letter.
Ik heb hem de brief gegeven.

351 - 5

He is a fine poet.
Hij is een goede dichter.

351 - 6

I don't fell well.
Ik val niet goed.

351 - 7

Did she appeal?
Heeft ze een beroep gedaan?

51/52

Day 351

Week 51

352 - 1

He was sent to England.
Hij werd naar Engeland gestuurd.

352 - 2

What time does it start?
Hoe laat begint het?

352 - 3

He loaded the pistol.
Hij heeft het pistool geladen.

352 - 4

Just stay focused.
Blijf gewoon geconcentreerd.

352 - 5

Please open the window.
Open het raam, alstublieft.

352 - 6

I'm impressed.
Ik ben onder de indruk.

352 - 7

He is frequently late.
Hij is vaak te laat.

51/52

Day 352

Week 51

353 - 1

I don't know for sure.
Ik weet het niet zeker.

353 - 2

Be aware of cyclists.
Pas op voor fietsers.

353 - 3

Your pulse is weak.
Je pols is zwak.

353 - 4

She is cold.
Ze heeft het koud.

353 - 5

I think you're wrong.
Ik denk dat je het mis hebt.

353 - 6

This is a true story.
Dit is een waar gebeurd verhaal.

353 - 7

A woman approached me.
Een vrouw kwam op me af.

51/52

Day 353

Week 51

354 - 1

She's wearing boots.
Ze draagt laarzen.

354 - 2

Is it serious?
Is het ernstig?

354 - 3

I'm called John.
Ik heet John.

354 - 4

Why are you late?
Waarom ben je te laat?

354 - 5

Who are you?
Wie bent u?

354 - 6

I am retired.
Ik ben gepensioneerd.

354 - 7

May I have a fork?
Mag ik een vork?

51/52

Day 354

Week 51

355 - 1

Leave me alone.
Laat me met rust.

355 - 2

It's too late now.
Het is nu te laat.

355 - 3

Your guest has arrived.
Je gast is gearriveerd.

355 - 4

I don't have time now.
Ik heb nu geen tijd.

355 - 5

He's a soccer player.
Hij is een voetballer.

355 - 6

I have some books.
Ik heb wat boeken.

355 - 7

Do not open.
Niet opendoen.

51/52

Day 355

Week 51

356 - 1

What do you see?
Wat zie je?

356 - 2

Here's thirty dollars.
Hier heb je dertig dollar.

356 - 3

Her skin is very white.
Haar huid is erg wit.

356 - 4

Hi. I'm Cindy.
Hoi. Ik ben Cindy.

356 - 5

Sure, I'd be glad to.
Natuurlijk, doe ik dat.

356 - 6

Where's the station?
Waar is het station?

356 - 7

He's a very fun person.
Hij is een erg leuk persoon.

51/52

Day 356

Test 51

357 - 1

I don't fell well.

357 - 2

Please open the window.

357 - 3

She is cold.

357 - 4

I'm called John.

357 - 5

It's too late now.

357 - 6

What do you see?

357 - 7

He's a very fun person.

51/52

Day 357

Week 52

358 - 1

The steak looks rare.
De biefstuk ziet er rauw uit.

358 - 2

Please don't be so sad.
Wees alstublieft niet zo verdrietig.

358 - 3

How did you reach there?
Hoe ben je daar gekomen?

358 - 4

I love tomatoes.
Ik hou van tomaten.

358 - 5

I need a lot of money.
Ik heb veel geld nodig.

358 - 6

A sack of rice.
Een zak rijst.

358 - 7

Don't deceive people.
Bedrieg mensen niet.

52/52

Day 358

Week 52

359 - 1

How was your day?
Hoe was je dag?

359 - 2

Sorry but we are full.
Sorry, maar we zitten vol.

359 - 3

Where is the pilot?
Waar is de piloot?

359 - 4

What a letdown.
Wat een tegenvaller.

359 - 5

Who would like to read?
Wie wil er lezen?

359 - 6

What can I do for you?
Wat kan ik voor u doen?

359 - 7

Don't be too greedy.
Wees niet te hebberig.

52/52

Day 359

Week 52

360 - 1

I admired his patience.
Ik bewonderde zijn geduld.

360 - 2

Friday would be perfect.
Vrijdag zou perfect zijn.

360 - 3

She was operated on.
Ze werd geopereerd.

360 - 4

No, thank you.
Nee, dank je.

360 - 5

Which one is the sauce?
Welke is de lekkerste?

360 - 6

I can't stop vomiting.
Ik kan niet stoppen met overgeven.

360 - 7

Are you married?
Ben je getrouwd?

52/52

Day 360

Week 52

361 - 1

Are you sure about it?
Weet je het zeker?

361 - 2

A roll of tissue.
Een rolletje zakdoek.

361 - 3

This book is difficult.
Dit boek is moeilijk.

361 - 4

Where is the exit?
Waar is de uitgang?

361 - 5

This is my friend.
Dit is mijn vriend.

361 - 6

You're fired.
Je bent ontslagen.

361 - 7

I'll pay by card.
Ik betaal met een kaart.

52/52

Day 361

Week 52

362 - 1

He has six children.
Hij heeft zes kinderen.

362 - 2

Please call back later.
Bel me later terug.

362 - 3

He came to my office.
Hij kwam naar mijn kantoor.

362 - 4

We are six persons.
Wij zijn met z'n zessen.

362 - 5

Who designed this one?
Wie heeft deze ontworpen?

362 - 6

She's feminine.
Ze is vrouwelijk.

362 - 7

This dish is tasteless.
Dit gerecht is smakeloos.

52/52

Day 362

Week 52

363 - 1

Eat slowly.
Eet langzaam.

363 - 2

Sorry about that.
Sorry voor dat.

363 - 3

Don't beat him.
Sla hem niet.

363 - 4

He is unconscious.
Hij is bewusteloos.

363 - 5

I've got to go now.
Ik moet nu gaan.

363 - 6

Thunder is rumbling.
De donder rommelt.

363 - 7

Yes, I am certain.
Ja, ik ben er zeker van.

52/52

Day 363

Test 52

364 - 1

A sack of rice.

364 - 2

Who would like to read?

364 - 3

No, thank you.

364 - 4

This book is difficult.

364 - 5

Please call back later.

364 - 6

Eat slowly.

364 - 7

Yes, I am certain.

52/52

Day 364

See you soon

Learn English in 52 weeks
Learn French in 52 weeks
Learn Bulgarian in 52 weeks
Learn Chinese in 52 weeks
Learn Czech in 52 weeks
Learn Danish in 52 weeks
Learn Estonian in 52 weeks
Learn Finnish in 52 weeks
Learn German in 52 weeks
Learn Greek in 52 weeks
Learn Hungarian in 52 weeks
Learn Italian in 52 weeks
Learn Japanese in 52 weeks
Learn Latvian in 52 weeks
Learn Lithuanian in 52 weeks
Learn Polish in 52 weeks
Learn Portuguese in 52 weeks
Learn Brazilian in 52 weeks
Learn Romanian in 52 weeks
Learn Russian in 52 weeks
Learn Slovak in 52 weeks
Learn Spanish in 52 weeks
Learn Swedish in 52 weeks

Made in the USA
Columbia, SC
14 December 2022

73706393R00202